謹將此書獻給
我倆的一對兒女
親愛的
永晞、詠暘

真　善　美　叢　書

對話靈程

真誠的信仰與生命成長之旅

邵樟平、尹妙珍　著

基道出版社

▼

真善美叢書

對話靈程

真誠的信仰與生命成長之旅

Dialogues

Lifelong Search for the True Living Faith

作者

邵樟平 Calvin C. P. Sao

尹妙珍 M. C. Wan

責任編輯

吳國雄

裝幀設計

奇文雲海 · 設計顧問

■

出版／發行

基道出版社

香港沙田火炭坳背灣街26號富騰工業中心1011室

LOGOS PUBLISHERS

Unit 1011, Fo Tan Ind. Centre, 26 Au Pui Wan St., Shatin, Hong Kong

電話：(852) 2687-0331 傳真：(852) 2687-0281

網址：http://www.logos.com.hk

承印

海洋印務有限公司

●

5/2009 初版

Cat. No. LP631

ISBN 978-962-457-376-3

Printed in Hong Kong

刷次	10	9	8	7	6	5	4	3	2	1
年份	2018	2017	2016	2015	2014	2013	2012	2011	2010	2009

尹序

我一向認定自己不是寫作的料子，因為我沒有甚麼真知灼見值得與人分享。但這幾年，與樟平的每天談話和生活經歷，使我對信仰、人生有頗多掙扎後的體會，過往一些如迷霧般的東西，似乎慢慢化解，有時也會有衝動，想把這些探索和反思，記錄下來，與人分享。可是，我卻缺乏整理思緒及作有條理紀錄的能耐。我是一個性急的人，平時做翻譯工作也只是一股腦兒地幹，要花時間慢慢釐清思路和思緒，對我來說，竟是如此的辛苦和困難。

過去一年，我好幾次想過把我和樟平這幾年的經歷和探索寫下來，但總是流於空想。那麼，今天為何能付諸行動呢？原來也經過了一番掙扎……

使我的屬靈生命產生改變的一本書，是我在二〇〇二年替福音證主協會重新翻譯的巴刻（J. I. Packer）名著《認識神》（*Knowing God*）。書中許多信息都深印我心，不時影響著我。其中第二章以但以理和他的三個朋友為例，說明一個認識神的人會有甚麼表現。第一點是說到「認識神的人會為神大發熱心」，巴刻指出這不僅包括但以理的外顯表現，如只吃素菜，公然反抗王命，更重要的是他私底下的禱告熱心。這引發我反省自己的信仰生命。

別人可能覺得我相當「熱心」：我全時間翻譯屬靈書籍（但這份工作也是我的家計來源），亦經常參與教會事奉。但是，我卻知道我對神缺乏真正的熱心：我沒有渴慕以讀經、禱告等途徑來與祂親近的熱心，沒有渴慕認識祂和明白祂心意的熱心，沒有因為熱愛祂而渴慕追隨祂到餐風宿露都在所不惜的熱心（太八 20）。我仍然在人生的大海中載浮載沉，只是在風浪中努力維持自己的信仰良心。

然而，我們並非對任何事物都沒有熱心的。愛德華滋（Jonathan Edwards），在《信仰的深情》（*The Religious Affections*）中這樣說：「我們為世俗世界的損失憂心忡忡，為世俗的所得欣喜若狂。然而，絕大多數人對於另一個世界的偉大事物，卻如此麻木，無動於衷！他們的感情何等麻木！他們的愛是冷漠的，他們的期待是沒有活力的，他們的熱情是低落的，他們的感恩屈指可數。」（頁 35）這就是我當時的寫照！

後來，我在一本書中看見一個非基督徒的例子，便非常立體地明白到何謂「熱心」。《歌德談話錄》（*Conversations with Goethe*）是愛克曼（J. P. Eckermann）把他與歌德（J. W. von Goethe）的談話記錄下來而整理出版的。在該書的導讀中，對愛克曼作出了這樣的介紹：「愛克曼是個崇敬歌德到了放棄自我程度的虔誠的追隨者，他為了歌德甘願做出最大的犧牲。正是這種出於無限敬仰而產生的無私奉獻精神，使他最願意也最能夠深入到歌德的內心世界，將歌德的思想當做自己的思想，使自己融入到歌德的精神世界中。一個人與另一個人在思想上相融到這種程度，那他轉述另一個人的觀點時，不管字面上是否與原話相符，從精神實質上不會有大的出入。這就是那些歌德的專家們，相信愛克曼輯錄的歌德的『談話』具有最高可靠性的根本原因。」（頁 4～5）愛克曼崇拜歌德都可以熱心到這個程度，奈何我崇拜基督卻不是這個樣子！

我很希望自己對神有一份真正的熱心，我亦祈求神賜我這份熱心。在我的內心深處，隱隱覺得神用微聲呼喚我，叫我把這幾年來與樟平的一些經歷與探索記錄下來——至少為我的兒女記下，作為他們在屬靈路上的一些「過來人」的提點。我究竟能否有這份回應神的熱心，或至少有這份提攜兒女的熱心呢？

我不斷問自己這個問題，但我不敢回答，因為我害怕自己只是「三分鐘熱度」或會半途而廢。我深深體會到保羅在羅馬書七章 18 節所說的「立志為善由得我，只是行出來由不得我」那種苦惱。我不立志作甚麼，就不會有行不得出來的擔憂和懊惱，就可以繼續安享平靜的生活。一想到要立志作甚麼，不安的感覺就馬上出來。我怕辛苦，怕失敗，怕沒有成果——但是，難道寫下一些屬靈的領悟去提點兒女，也要計算成果嗎？我知道這是撒但給我的心結和威嚇，而我又確實沒有信心能勝過自己的軟弱。但就在這刻，聖靈好像在我的內心提醒我：保羅說完「立志為善由得我，只是行出來由不得我」這句話之後，不是就此完結啊！他接著豈不是道明了出路？

是的，「感謝神，靠著我們的主耶穌基督就能脫離了……我們若盼望那所不見的，就必忍耐等候……況且我們的軟弱有聖靈幫助……因為聖靈照著神的旨意替聖徒祈求……有基督耶穌已經死了，而且從死裏復活，現今在神的右邊，也替我們祈求……靠著愛我們的主，在這一切的事上已經得勝有餘了。」（羅七 25～八 37）

這是一條信心和盼望之路。神不會用「飛氈」把我輕鬆地送到終點，我要一步一步的自己走下去，但神已經給我保證：聖靈和基督會為我祈求，祂也會以不能隔絕的愛來伴我同行，我不需要因為怕立志而退縮，只要每天跟隨祂走便可以。於是，我回應這個邀請，勇敢踏出這一步。我祈求在我心中的聖靈，引領我真誠而真實地見證主在我們身上所施的恩典！

二〇〇八年一月十七日

邵序

「為何要寫這本書？」

若要回答這個問題，我只能說：「這是為了回應神的感動」，因為我和妙珍從沒計劃過要寫這樣的一本書。

大約在七、八年前，我的信仰生命陷入了最低谷，神教導我向聖靈開放自己，藉此，我體會到神在我生命中的真實臨在。自此，我的生命便逐漸經歷到一系列真實和重大的改變。這種更新了的生命，對比於之前的「信仰生命」，彷彿是兩種完全不同的生命。過去我是在背重擔，幹苦差，守律法；現在是在空中翺翔，是在做尊貴的差事，是自由自在地生活。

由二〇〇六年中開始，這種生命便推動我與妙珍分享對神的經歷。這樣，我和妙珍便踏進一個極之奇妙的旅程。我們每天都花差不多三十至四十五分鐘，彼此談論信仰與人生。在我們的分享過程中，思緒彷如泉湧一般，自然而然地湧進我們的腦海，再透過我們互訴的言語令我們的心靈彼此激盪。這樣的分享，讓我們對信仰跟自己的關係，有了更清晰，更深入和更全面的體認。我們為此而深感驚訝。

這種情況維持了一段時間之後，我便想到，若能將我們的分享加以錄音或作文字紀錄，日後再看，一定很有意思。但我又想到，每日錄下約一小時的對話，一年便會多達三百多小時，日後再聽，一定會感到很費時，於是便放下了這個念頭。但是，很奇妙，在二〇〇八年的一月中，妙珍突然有一個感動要把我們的分享寫下來。我立時表示贊成，因為我相信，這是由神而來的感動。我想，對我們來說，這些分享的內容非常寶貴，或者，神會使用它來鼓勵別人也說不定。

就是這樣，妙珍便負責執筆，我便負責閱讀及提意見，在不到三個月時間便寫成此書。若不是神的激勵與加力，我確實難以相信怎能寫得如此之快和如此順利，因為我倆最初只是無所不談式的閒聊傾談，絕非如本書所表達的那樣按主題來逐一談論，我們如今是將談論過的東西，有系統地整理成書呢。

現在，書寫完了。期望你能進入我們的分享之中，去親身體驗信仰生命的真實和奇妙！

最後，我倆衷心感謝基道出版社出版此書，更要特別感謝吳國雄弟兄在編輯此書時給予很多寶貴意見。他為了讓讀者閱讀對談的時候，不會有斷斷續續的感覺，很用心地把原本較為零碎的對談加以整合和分段。他與基道眾同工的幫忙和參與，讓我們感受到「弟兄和睦同居是何等地善，何等地美！」（詩一三三 1）

二〇〇八年三月二十三日

目錄

1

對話，從這裏開始：人的盡頭  神的開始

樟平

妙珍

妙珍：

要說，就要從二〇〇二年四月說起。那時我剛好接獲博士論文老師的回覆，結果比我所預期的差，不過，他並沒有大潑冷水，反而認為我有潛質可以完成論文，只是，以這種「部分時間」的方式來寫論文，效果未必理想，所以建議我到倫敦兩年，專心把論文寫好。

但我倆都認為不可行，亦懷疑是否值得這樣做……你還記得嗎？

◀ 作者家附近的小路

樟平：

是的，我當然記得。而且，我倆突如其來有相同的感覺，覺得要放棄唸這個博士學位。其實，以你一向執著的性格，以及當時客觀的情況——花了香港某間教會提供的獎學金幾年並要考量將來神學院的教席問題——為何能夠下這個決定呢？現在回想起來實在不容易……

妙珍：

是的。

我相信神早在兩年前，已經在我的生命中動工。父親於二〇〇〇年離世，那時我剛巧藉安息年年假的機會到劍橋寫論文，我去了劍橋不久，他就離世了。他的死令我真實地面對和思考死亡。而且，那時候我已感到我的生命愈來愈躁動不安，外表好像很好：身為神學院老師，正在攻讀博士學位，論文是研究用現代語言學來詮釋聖經，將來可以對神學教育有貢獻……但是，我內裏卻愈來愈空洞，覺得很害怕。

我只可以說，那段時間我很自我。我只覺得自己很辛苦，並認為你身為太太，當然應該體諒和支持我。我在劍橋寫論文的時候，只感受到自己那種獨個兒的孤單，沒有想過你的付出，尤其是你要獨力照顧兩個年幼的兒女……

樟平：

其實，那幾年你的確顯得壓力很大，經常覺得很辛苦，想逃避壓力，但是愈逃避，壓力卻愈大。我倆一向感情不錯，很容易溝通，但那段時間我們卻很容易出現磨擦，而我更覺得你愈來愈難相處……

人就是這麼奇怪。你起初決定唸博士學位的時候，不是為神而唸的嗎？怎麼會愈唸愈自我？

妙珍：

我不可以推翻自己「為神而唸」的動機。但是，當我愈來愈要控制結果，要成功取得學位，我就變得愈來愈自我，神就變成幫助我達致這個目標的工具。其實，我當時覺得自己內裏很空洞，正反映了我與神的關係很疏離。我相信是神為了拯救我，才讓我被那種「活得像徒具軀殼般」的感覺所折磨，所以我才能一下子決定放棄繼續唸書。而且，下了決定一個月後，我還覺得要辭去當時的教職。感謝妳支持我的決定，如果妳當時反對，我一定不會這樣行。不過，我相信這是神在我們的心裏動了工，因為妳一向很需要經濟上的安全感，但在我還未覓得新工作之前便把工作辭掉，以妳一貫性格，一定不會支持。妙珍，謝謝妳。

樟平：

是的，我相信神真的感動了我，我不是一個願意冒險的人。我們很快決定辭去你當時的教職，一方面是有點兒「引咎」的意味，另一方面，亦好像是回應神給我們的一個感動，要在事奉的路上，重新尋覓神的帶領……

妙珍：

說實話，我也不是一個敢於冒險的人。我當時滿以為自己會很快找到另一份工作，但神的心意卻出乎我意料之外，兩份我原以為一定得到的工作（兩份工作都是在機構事奉，並非神學院的教職），最終都不能成事，而接著還呆等了兩個月，我不斷祈禱等候，期望神帶領我，賜給我一份工作，但這終歸只是空想。我不斷向神呼求，神卻靜默無聲。終於有一天，我向神發脾氣說：「信靠祢，究竟有甚麼意思？」我在祂面前痛哭，就在那一刻，我突然憶起自己大概在十七、八歲的時候，曾經在神面前立志說：「祢是我的主，祢是我的一切。祢要我作甚麼，我都會去作。」就是這樣，神彷彿再次提醒我曾經所立的志，於是，我便在神面前降服，再次向神說：「祢是我的主，祢要我怎樣行，就怎樣行吧！」

樟平：

我不會忘記那段時間的恐懼和失落。除了因為你失去了工作，更因為你好像失落了神對你的呼召。我們究竟該何去何從？而你提到的這一幕，我還清楚記得。當時那種好像與神完全隔絕，聽不到神絲毫回應，以及在茫茫人海找不到一個可以安身之所的那種痛苦與迷惘的感覺，是我從來沒有經歷過的。現在想起來也覺得害怕，我永遠都不想再有這種感覺呢。

妙珍：

這是我生平第一次明白到甚麼是「人的盡頭」。但我所經歷到的「盡頭」，不單是指到失業，找不到工作的「盡頭」，而是發覺自己原來是那麼軟弱、貧乏、枯乾，信仰脆弱得如此不堪一擊的那一種「盡頭」。但感謝神，祂卻帶領我明白到甚麼是「人的盡頭，就是神的開始」。當我痛苦地在神面前降服之後，祂便讓我在那一刻看見出路：神是我的主，祂要我怎樣行，就怎樣行吧！——無論幹甚麼樣的工作，我也可以跟從祂。

我其實從沒懷疑過神給我在事奉方面的呼召，也沒想過真的要「轉行」，但經過這次掙扎，我好像稍稍明白到主次之分：甚麼是最重要，甚麼是次要？神不單沒有放棄我，反之卻重新呼召我，讓我再次誠實地回應祂的呼召。

這天之後，我便致電聯絡我現在任教的那間神學院的同工詢問教職的問題，而神於那時便給我開路。

樟平：

「神是我的主，祂要我怎樣行，就怎樣行吧！——無論幹甚麼樣的工作，我也可以跟從祂。」這句話聽起來，好像是退而求其次，放棄了神給你的事奉呼召；但我明白你的意思其實剛好相反：做甚麼也不要緊了，神要呼召你這個人去跟從祂。當我們再次認定要跟從神，其他的一切都變得次要，那時，內心確實有了一份寧靜的平安，雖然我們還得解決生計的問題。而這次經歷的種種，於時序的出現上也是很奇妙的，因為你聯絡了那間神學院的同工後，便有其他教會給你牧職事奉的機會，就連英國那間你曾參與事奉的華人教會，也突然來電，問你有沒有負擔去牧養他們呢！

妙珍：

我只能夠說，我若不是經歷到自己的盡頭，面對這些工作機會，我一定還會很自信，很自恃。但經過這次痛苦的降服，我知道一切都是神的恩典，神有無盡的禮物可以送給我，但這些都只是禮物，不能取代祂自己。而且，我明白到做甚麼工作，並不是最重要的；最重要的，是忠心跟從祂。有一節經文給我很大提醒，記載在約翰福音六章28 至 29 節：「眾人問他〔耶穌〕說：『我們當行甚麼，才算作神的工呢？』耶穌回答說：『信神所差來的，這就是作神的工。』」

樟平：

這次經歷不單是你信仰生命的一個新開始，而且亦為我的信仰生命帶來了轉機。你在二〇〇二年四月中辭職，一直等了接近六個月，才確定了新的工作，而新工又要翌年一月才上任，當中的經濟壓力和徬徨無助可想而知。就在這期間，神讓我有機會替福音證主協會重新翻譯巴刻的《認識神》，此書的信息一方面給我很大的安慰，同時又給我極大的挑戰，促使我反省自己究竟在「信」甚麼。特別是翻譯到最後一章「神的全備」：在這章中，巴刻講解完羅馬書八章的信息之後的一番真誠質問，實在令我無法規避……「我們不像新約時代的基督徒，我們的人生態度是隨俗和靜態的；他們卻不然。他們對福音事業的態度不像我們那樣，被『安全至上』這觀念所拖累……與他們相比，我們為何顯得像個『不冷不熱』的基督徒？為何我們身為門徒，卻顯得畏首畏尾、猶疑不決和不敢冒險？我們為何不能釋除一切恐懼和焦慮，讓自己毫無保留地跟從基督？……歸根結柢，這似乎正是我們的問題所在：我們害怕徹底接受神的主權，因為在我們的內心深處，我們並不肯定神的全備是否真的足以看顧我們……」（頁 303～304）

這番說話完全是對我說的。有好幾個月，這番話不斷質問著我。

妙珍：

這本書確實對你影響極大。我相信你有機會翻譯這本書，並非「事有湊巧」，而是神要在我們的生命中工作，要徹底改變我們。事實上，剛才我說「人的盡頭，就是神的開始」這句話，正好描述了我們的光景：找到工作，並不是這次經歷的一個結束；神原來要透過這次經歷，帶領我們進入一段全新的信仰路途——那是我們信仰路途上一個全新的開始。

2

體貼肉體  體貼聖靈

樟平：

你說到新的開始，神首先讓我們在生活上有一個嶄新的開始。就在二〇〇三年年中，我們一家由繁囂的市區搬入清靜的東涌居住。當時我們並不知道，這個空間廣闊的居住環境，竟然對我們的信仰生命大有幫助。

原來方便造成擠壓，距離卻帶來空間！

這是一個新的體驗，如果我們不願意改變，繼續因循地生活，便不會有這種新的體驗了。在一個空間廣闊的地方居住，我倆的心靈空間也好像擴大了，我們幾乎每天早上吃早餐的時候，都可望著遼闊的海景暢談一番，許多時都互相分享從閱讀所得到的啟廸，而且，每天吃完晚飯之後，亦會到下面的公園散步閒聊，這與住在太子的時候，簡直有天壤之別。

◀ 從作者家眺望機場海景，對面就是屯門

妙珍：

這也是我的感受。當時我極之渴望遷離已住了幾年的太子區。住在太子區確實交通便利，與工作的地點幾乎零距離，但那實在太繁囂，令我覺得太擠壓。搬到東涌，交通雖然沒那麼方便，但那種距離感卻讓我感覺到空間的擴闊，而且每天會呆在港鐵車廂中來回一小時，我也沒想過在這段時間內，可以閱讀那麼多書。以上這些，完完全全是神的恩典。我們只是略為放下自己的一些執著，稍微放膽信任神的帶領，神便在我們的生命中開展祂的工作。

樟平：

過往我們也喜歡談天，但現在你的談話態度確實出現了一些改變。這也是你經過幾年後，自己才逐漸發現到的。但當時你還好像蒙在鼓裏呢。是甚麼令你開始轉變的呢？

妙珍：

過往我們談論到一些事情，我只希望你聽我的意見，如果你引用別人的意見，或不接受我的意見，我就會不高興。過往我自視過高，許多時候都覺得你欠缺分析能力，思路沒有邏輯，容易受人影響，所以我傾向要澄清你的思想和要「教導」你。我以這種態度跟你溝通又怎能溝通得好呢？更休說從別人身上學到任何東西了。

但那段時間，我只覺得自己的生命和信仰出了問題，卻不知道問題在哪裏，當然不懂得如何尋求出路了。直至有一天，我回母堂講道的時候，一對老夫婦向我談及他們的女兒，說她如何熱心禱告，如何帶領許多學生信主。他們說的那位姊妹，其實也是母堂的會友，只是婚後因遷居而轉到其他教會聚會。我感到很好奇，想知道她的信仰生命為何會有這些改變，便去探訪這位姊妹和她的丈夫。

我發現他們確實跟以前有所不同，而他們將這些轉變歸因於聖靈。香港教會近年刮起了追求聖靈之風，我也認識不少追求靈恩、說方言、神蹟醫治的信徒，但我自己卻不認同那種追求方式。但是，眼前這對夫婦的生命確實有很大和持久的轉變，激發了我想認識聖靈的心。

樟平：

我們一向參與事奉及聚會的教會，都甚少教導關於聖靈的事情。但我們聽聞到某些靈恩教會追求聖靈的方式和表現，卻令我感到害怕和疑惑。你知道嗎？當你說要去認識聖靈，我亦有點兒害怕你會出現某些「突變」。不過，得悉你是透過閱讀聖經去認識聖靈，我才稍為安心。

妙珍：

是的，我倆上教會也有三十多年了，但極少聽到有關聖靈的教導。於是，我第一次從認識聖靈的角度去細讀使徒行傳，愈研讀便愈覺得使徒的轉變，完全是因著聖靈降臨在他們身上的緣故。他們由常人的那種害怕變成一無所懼，不計較得失成敗，任何挫折都無損傳福音的熱心，這些表現可說是違反「人性」，更違反了他們原先的個性，若不是聖靈改變和賜力量給他們，我真的無法解釋這一切。

樟平：

我有一個疑問：當我們信主的時候，不是說聖靈已居住在我們心中的嗎？即使教會很少教導有關聖靈的事情，但至少在受洗之前，也會教導信徒神是三位一體的，並教導我們，信徒是有聖靈居住在心中的。那麼，我們為何不能像使徒一樣，經歷到聖靈的大能呢？聖靈既然已經降臨，並且已經住在我們心裏，那麼，我們經歷不到祂的能力，是否意味著我們沒有理會祂或阻擋祂呢？

妙珍：

其實這也是我所不解的問題。

教會所教導的教義是正確的，但我若撫心自問，卻不能不承認自己經歷不到聖經所描述的聖靈的大能。究竟問題出在哪裏？聖經不會說假話，那麼，我只能相信問題是出在我自己身上了。也許，我一直是一個屬肉體的基督徒，因為保羅曾經對哥林多的信徒說：「不能把你們當作屬靈的，只得把你們當作屬肉體，在基督裏為嬰孩的……你們仍是屬肉體的，因為在你們中間有嫉妒、分爭，這豈不是屬乎肉體、照著世人的樣子行嗎？」（林前三 1、3）所以，原來作基督徒之後，如果沒有在基督的生命中成長，便只會一直作個在基督裏的屬肉體的嬰孩。

於是，我開始在心中不住向聖靈說：「聖靈，我願意向祢開放，我知道是我阻擋著祢，求祢幫助我放下自己，求祢用屬靈的言語，教導我屬靈的事。」我慢慢覺得，聖靈是一個高貴的靈，祂不像邪靈那樣支配人，對人死纏不放；反之，祂卻要人心甘樂意地向祂發出邀請，祂才會施行祂的工作。

樟平：

在你引用的那段經文之前，保羅便已經指出「屬血氣的人不領會神聖靈的事」（林前二 14）。

人的自由意志是神賜給人的寶貴禮物，它使人成為高於其他動物和能夠自由與神相交的萬物之靈。如果神用自己的靈來支配人的自由抉擇，豈不是違反祂創造的原意？你說是嗎？

妙珍：

是的。

但我這樣向聖靈呼求了一段時間之後，便出現了一些轉變。第一種轉變，是我的祈禱生活。我雖作基督徒三十多年，但祈禱生活，只能算是例行公事。我會為教會事工、家人、朋友、病人祈禱，就好像把一頁頁的需要，傳真給神去處理，完全不像與父親或好友談心那樣甜蜜窩心。有一天，我好像聽見聖靈在我的心中說：「樟平，你既然想與我親近，就每天早點起來在禱告中與我親近吧！」我的反應是：「哎呀！聖靈，我不是不想祈禱，但每天提早起牀祈禱，我過往已經立志多次，但總是『三分鐘熱度』，無法持久。我害怕再失敗，這樣，既會令你失望，亦令我對自己失望啊！」但聖靈卻好像回答我說：「你不用立志，我會叫你起牀的……」。

樟平：

你確實在那時開始，直至現今都維持每天早起祈禱的習慣。我知道這確非你立志所能做到的，因為你不是一個意志力強的人。也許，這就是保羅在羅馬書八章所講的體貼肉體與體貼聖靈的分別。而且，除了禱告之外，你現在每個早上，都過得非常充實呢。

妙珍：

你說得對，直到現在，我才開始體會到保羅所說的：「然而，叫耶穌從死裏復活者的靈若住在你們心裏，那叫基督耶穌從死裏復活的，也必藉著住在你們心裏的聖靈，使你們必死的身體又活過來。」（羅八 11）不過，最初我起來祈禱的時候，我不知向神說些甚麼。我只是跪下默然等候，說：「我願意親近祢，但不知道該怎樣親近。」有時，我跪在祂的面前，默然無聲，好像讓主的臉光光照我一樣。後來，我讀了克萊布（Larry Crabb）的一本作品：*The Papa Prayer*，便用主禱文和克萊布所教導的方式來開始禱告，而我祈禱後便會讀經。我發覺以前很枯燥的讀經生活，竟然也變得不同了。過往從來沒有發現的信息，今天竟躍然紙上。而且，過往一段時間，我因連續讀了十冊的《吳宓日記》，所以很渴望透過寫日記來認識自己，於是又花點時間來寫日記。後來，我發現電視所轉播的喬依絲．邁爾（Joyce Meyer）的講道對我有很多提醒，我便會看一點，接着，再看一些屬靈書籍。所以，現在每天醒來，都好像有一頓盛宴等著我去享用，真的連賴牀的心態也改變了。

樟平：

有一句諺語這樣説：「當學生預備好，老師就會來。」用這句話來形容你，可能是最貼切不過的了。其實聖靈除了引導你之外，亦一直引導著我。我在旁邊看著你追求認識聖靈，向聖靈開放，祈禱和讀經生活出現的轉變，我便由最初帶著懷疑的態度，靜觀其變，直至逐漸仿傚你向聖靈開放。我慢慢發現自己與神的關係，對自己的認識，以及對別人的想法和態度，都出現了轉變……

妙珍：

「當學生預備好，老師就會來。」你說得真好。過往我太驕傲自負，所以甚麼也學不到。現在稍稍放下自我，聖靈除了親自當老師之外，還會派老師一個接一個地來。我發現許多作者都給我許多寶貴的教導。剛才提到的克萊布，便是其中一位。有一位朋友，早在幾年前便將克萊布的《靈性壓力 OFF 學》（*The Pressure's Off*）送給我，我翻一翻就沒興趣看下去了。但如今重讀，卻如獲至寶。當中提到我們喜歡神的 present（禮物），多過神的 presence（臨在），便一針見血地說中了我的光景。

過往我很不接受自己，尤其是中學時代的我，以及自己一些根深柢固的缺點。我經常想：「如果我不是那樣就好了。」但我藉著聖靈去親近神之後，感到神很憐憫我和已經接納過去的我，我不該再排斥和厭惡那個可憐的我；於是，我便開始接納那個原來的我。換言之，與神和好之後，便帶來了與自己的和好，當然，對別人也沒有批評得那麼兇了。

樟平：

如果現在要總結聖靈在我們生命中的工作，用約翰福音十六章 8 節來概括就最適合不過了：「他〔保惠師〕既來了，就要叫世人為罪、為義、為審判，自己責備自己。」因為我們當了三十幾年基督徒，從沒有像現在那樣，覺得自己是如此敗壞、軟弱、虛假，而我們卻完全沒有能力去改變，只可倚賴神白白的恩典……

妙珍：

不過，這個醒悟的過程，並非一蹴而就，那是要經過好幾年時間才愈來愈清晰的。也許，我們必須承認，我倆可能真的是太頑劣以及自省的能力太低了，所以才要經過如此漫長的時間才能醒覺。我現在深深體會到先知耶利米所說的話是多麼真實：「我們不致消滅，是出於耶和華諸般的慈愛；是因他的憐憫不致斷絕。每早晨，這都是新的；你的誠實極其廣大！」（哀三 22～23）

▲ 港鐵的車廂，特別是東涌線，竟然是一個閱讀的好天地

3

角色與真我

樟平

妙珍

妙珍：

現在回想起來，我的人生與信仰不是突然之間出現問題的，我好像是一步步走歪了一點點，然後便愈走愈偏離正道。誠如箴言所說的：「有一條路，人以為正，至終成為死亡之路。」（十六 25）幸好神在我的生命還未完結之前挽回我。我一直以為自己走著正路，但我的靈性卻愈來愈枯萎，到了快要奄奄一息的地步。

我唸中學的時候蒙召，所以唸完中六便進神學院，不到二十四歲便回到自己的母堂承擔牧職。我當時確有服事主的熱誠，但許多事情都不懂得做，內心有不少壓力。

◀ 作者經常散步的公園

樟平：

我在你決定走全職事奉之路並第一次唸神學之前認識你以及跟你談戀愛，所以，在某程度上也很明白你的心路歷程。你當初是很清楚蒙召去事奉神的，而且也確實有事奉神的熱誠，所以，問題似乎不在於動機。但現在回想起來，我卻覺得你一開始在教會事奉，便明顯出現了一種偏差。

我們在你開始於堂會全職事奉後三個月便結婚，婚後為了支持你的事奉而遷往小島坪洲居住，但我每天都要到土瓜灣上班，有時下班後還要開會，真是過著披星戴月的生活。我婚後既要適應新的教會生活，更立即感受到你對我身為「傳道人太太」的極高期望，你希望我參與所有聚會，這令我非常吃不消。但是，我相信你當時要求自己所擔當的「傳道人角色」，也一定令你有很大壓力……

妙珍：

我神學剛畢業並到堂會事奉，那是八十年代的事了，那時教會的會眾大多都期望傳道人太太積極支持丈夫的事奉和積極參與事奉，我正是基於這個觀念，期望你能配合我的事奉，並且在教會中樹立好榜樣。我當時確實非常刻意要履行我心目中的傳道人角色，以及在信徒中間作好榜樣，我認為這是對的，因為傳道人是教會領袖，信徒隨時會留意他的言行，如果我做得不好，又怎能教導信徒呢？

但我必須承認，我當時對「傳道人角色」的理解很迷糊，只想像自己應該在每一方面都做得好過一般信徒，在性格、人格上以及在家庭方面都要樹立好榜樣。當時的壓力，的確十分巨大。

樟平：

我要指出的問題，正是你為了履行你心目中的「傳道人角色」和「作好榜樣」所造成的那種偏差。

我們每個人都要擔當許多不同角色，例如，父親角色、母親角色、僱員角色或老師角色。只要我們的生命能配合那個角色，便不會出現問題。我們都希望能夠「名實相符」，這實在是對的。所以，問題是你心目中的「傳道人角色」，究竟是一個怎麼樣的角色，以及你是否有這樣的生命力去履行這角色的要求——簡單來説，你當時想像自己該扮演的角色，就等於要求自己做一個沒有甚麼瑕疵的「完全人」，但你根本不是，亦不可能是，所以壓力便很大。

妙珍：

可以這樣說。我必須承認，我當時要扮演的「傳道人角色」，與現實的我有很大差距。所以有時我會很慌張，很怕將真我暴露於人前。我記得我很怕你在別人面前談及我，我會非常不安，生怕你會在言談間暴露出我的缺點，即使你說我喜歡追看電視劇也不行，因為在我的觀念裏，傳道人「應該」追看聖經，又怎會追看電視劇！

我們現在可以把這個問題很清楚地說出來，因為事情發生，距今已相隔了好一段時間，我們也有足夠的空間、距離感來思考這些事情，但在當時，情況卻不是看得那麼清晰，所以自己很難察覺，亦可說是被魔鬼蒙蔽了，而變得自欺欺人。因為我的「真我」並不是在每一方面都與傳道人角色有差距的，我仍然會有「正常」的基督徒生活和表現，我會讀經、祈禱、奉獻、傳福音、帶領查經、關心人；我所要隱藏的，是我會妒忌、偷懶、小器、放縱情慾，以及喜歡某些嗜好，多過喜歡親近神……所以，我會覺得自己大體上是個「相當不錯」的基督徒，只是還未十全十美而已……

樟平：

你之所以如此維護你的傳道人角色，可以說是出於一個良好意願，為了給信徒作好榜樣，而並非存心欺騙；但這種良好意願，卻無意中種下了禍根，就是信仰生命表面上很剛強，內裏卻很脆弱和虛怯。而且，在信徒眼中，他們覺得你這個傳道人相當不錯，你負責的查經和講道對他們也有幫助，所以會讚賞你。別人的稱讚肯定了你的工作，令你覺得自己相當不錯，於是便愈來愈看不見角色與真我的差距，但這差距因加上了自滿而變得愈來愈大……

妙珍：

我並非完全不覺得自己表裏不一致——尤其是明確犯了某些罪之後——我只是不知道怎樣面對這「差距」，我頂多只能向神認罪，然後立志以後不再犯；所以我的屬靈生命總是起起跌跌，我甚至開始覺得這是「正常」的基督徒生命，真的要到離世的時候才能脫離罪的綑綁。

此外，我不斷追求外在的「進步」和工作的成果，卻沒有正視自己生命的軟弱和與神關係的疏離，不單不能夠真正服事神，更逐漸變成了服事自我，而自己卻完全不察覺。真的如保羅所說的那種人：深信自己是給瞎子領路的，但其實自己正是瞎子（羅二 19）。

樟平：

我最害怕的，就是跟你出現磨擦之後，要馬上返教會參與事奉，還要裝作若無其事；不過，幸好這種情況不多，而且每次出現磨擦，你都會於最短的時間內尋求和解，所以我們很少帶著怒氣返教會。否則，要在其他信徒面前「演戲」，實在是太大的折磨了。

或許，那時你的光景，正是你重視工作（doing），而忽視生命（being）的結果。你擔當著服事神的「聖職」，但生命卻因自我和內裏隱藏的罪而與神疏離，這豈不正像耶穌責備法利賽人的那種假冒為善嗎？

妙珍：

但我當時絕不會覺得自己是假冒為善的，我只會覺得自己已奉獻了所有，已盡了最大的努力去服事，對於自己的生命，我只是無能為力，我立志為善，卻行不出來。不過，有些時候，我確實知道自己有點虛偽，例如，我鼓勵信徒多讀經，但自己的讀經生活卻不算好；我鼓勵信徒多禱告，但自己的禱告生活卻很貧乏。這些都是我自己知道的，但我卻無能為力。當時我好像陷於一個兩難的局面：難道自己做得不好，就不去教導信徒了嗎？

樟平：

對於一個傳道人來說，這確實為難。如果今天你面對這個難題，你會怎樣做呢？

妙珍：

經過了二十多年的事奉，我才終於明白我對「傳道人角色」的理解有偏差。我以為傳道人是要作信徒的領袖，所以處處要表現得強過信徒，但主耶穌卻教導我們要作僕人，僕人的基本要求，就是要聽從主人的吩咐和滿足主人的需要，如果我與主的關係疏離，又怎能聽從主的吩咐和滿足祂的需要？我只能按照自己的意思去服事，說到底，只是爭取工作表現，希望得到別人的肯定和滿足自己的理想。

正如在舊約時代，獻祭也是合乎神心意的；但是，掃羅接連兩次都不照神的吩咐，擅自獻祭，所以被神所廢。撒母耳對他說：「耶和華喜悅燔祭和平安祭，豈如喜悅人聽從他的話呢？聽命勝於獻祭；順從勝於公羊的脂油。悖逆的罪與行邪術的罪相等；頑梗的罪與拜虛神和偶像的罪相同。你既厭棄耶和華的命令，耶和華也厭棄你作王。」（撒上十五 22～23）

樟平：

但你所努力爭取的成果，豈不都是合乎神心意的嗎？例如，你去講道、傳福音，難道也不對嗎？而掃羅是明知故犯，除非你是明知故犯，否則便只能照你所知的服事……難道這也不對嗎？

妙珍：

我的問題不是無知，而是我沒有去尋求。我有沒有盡心、盡性、盡意、盡力去尋求神的心意，這是我自己知道的。雅各書說：「你們親近神，神就必親近你們。」（四8）我有沒有去親近神，這是我自己知道的。我說我奉獻所有去服事神，是因為愛神；但我是否真的如口中所說的那樣愛神，亦是我自己知道的。正如我說我愛你，我是否真的愛你和怎樣愛你，亦是我自己知道的。如果我為一項事工祈禱，只是像「例行公事」一樣，然後，便按照自己的意思去做，我豈不是將自己的意思代入為神的意思？而且，講道和傳福音等，都可能會混雜了其他動機，例如，期望得到別人的肯定等。

樟平：

難怪耶穌在馬太福音七章 21 至 23 節會這樣說：「凡稱呼我『主啊，主啊』的人不能都進天國；惟獨遵行我天父旨意的人才能進去。當那日必有許多人對我說：『主啊，主啊，我們不是奉你的名傳道，奉你的名趕鬼，奉你的名行許多異能嗎？』我就明明地告訴他們說：『我從來不認識你們，你們這些作惡的人，離開我去吧！』」我一向不明白這段經文，覺得耶穌好像很冷酷無情，現在似乎明白了一點。

妙珍：

我現在亦開始明白這段經文的意思，因為我就是那種稱呼「我主，我主」，卻不認識主的人。不是主不認識我——祂認識每一個人——是我不認識主！是我盲目地去做這做那，甚至是為了滿足其他動機，或是因為害怕別人對我的評價不佳……而我卻還一廂情願地以為自己正在服事主。

魔鬼正是利用我這種本末倒置的價值觀——重視工作（doing）和果效多過重視生命（being）和重視與主的關係——來不斷蒙蔽我。我之所以落入魔鬼的試探，可以說是被自己的私慾牽引誘惑，生出罪來（雅一 14）。

樟平：

這是很離奇的。你做著服事主的工作，卻可以不認識主！這真是魔鬼對人的蒙蔽！你說你看重果效，我們的確很容易被果效蒙蔽，以為有好的果效，就是榮耀神。但是，聖經說得很清楚：「耶和華不像人看人：人是看外貌；耶和華是看內心。」（撒上十六 7）

妙珍：

工作永遠都不能夠取代生命，尤其是我們所作的是改變生命的工作，這就更加不可能。我們經常聽見人說，生命影響生命，其實，不管我們是否想影響別人，我們都在影響別人，問題只是對人產生好的影響還是壞的影響。我無論講道講得有多好，我的生命若不能見證我所講的道，我講道講得愈好，所帶來的負面效果，可能會愈大。因為相處時間久了，大家都會見到我的問題，說我「講一套，做一套」，就連我所講的「道」都會被人質疑。這個道理我並非不知道，所以當別人讚賞我，並說我講道講得好的時候，我內心雖有自滿，同時也會非常虛怯，好像被兩股力量拉扯著，感到很難受。

樟平：

對，你一直渴望自己講道講得好，卻可能愈來愈偏重了如何「講」得好；只要「講」得好，就可以做好這份傳道人的工作。但是，當你覺得自己講得好，或被人讚賞講得好的時候，便自然會生出自滿。所以，如果你的心態是「證道」，性質便不同了，你要將自己經歷過的真實（truth）見證出來。這樣，你見證的道，就能與你的真實生命一致，你就不會因為「表裏不一」而要虛怯地隱藏真我了。

妙珍：

所以，我現在才明白，耶穌為何經常用「樹」來比喻信徒的生命。祂說：「因為，沒有好樹結壞果子，也沒有壞樹結好果子。凡樹木看果子，就可以認出它來。人不是從荊棘上摘無花果，也不是從蒺藜裏摘葡萄……」（路六43～44），因為這是生命本質的問題。祂又說：「我是葡萄樹，你們是枝子。常在我裏面的，我也常在他裏面，這人就多果子；因為離了我，你們就不能做甚麼。人若不常在我裏面，就像枝子丟在外面枯乾，人拾起來，扔在火裏燒了。」（約十五 5～6）過往我努力去做一棵「宏偉」的聖誕樹，將很多五光十色的人造「果子」掛在自己身上，希望贏得別人的讚賞和證明自己的價值，可是，它卻是一棵沒有生命的樹，最後只會落得被丟棄的下場。現在，我只想成為一棵真真實實的樹，即使這棵樹毫不顯眼，十分普通——別人不會特別留意我和讚賞我，但我卻能夠體驗生命的成長和經歷風雨的洗練，按著神原初設計我的心意，成長為一棵結實的大樹，最終能生出果子。

而我最渴望生出的，就是仁愛、喜樂、和平、忍耐、恩慈、良善、信實、溫柔、節制這等生命的果子（加六22～23）。

樟平：

我想起來了！我在靈修的時候，讀到以賽亞書六十五章描述新天新地的經文，神在當中竟然這樣形容祂的子民：「我民的日子必像樹木的日子」（22 節），真是呼應你的想法啊！那麼，但願我們都能成為健康茂盛的樹。並且，我希望你能同時領受你父母因思念故鄉而以故鄉常見的樟樹來給你起名的這份心意——成為一棵平凡卻堅實的樟樹，散發神賦予樟樹本質的樟腦氣味，給人帶來好處。

▲ 壯大的樟樹

▲ 坪洲碼頭與惟一一種坪洲連接市區的公共交通工具：小輪

4

毛蟲與蝴蝶

▲ 邵樟平成長的祖屋，新婚時亦曾居於此

▲ 坪洲永安街街景

樟平：

你最初是透過研讀使徒行傳去認識聖靈，之後你便擴大研經的範圍，並且將你所領受的教導，編成課程，更於兩、三年前在神學院開設名為「認識新約中的聖靈工作」的科目，當中你有甚麼體會呢？而你之所以特別開設這個科目，是因為你覺得認識聖靈的工作很重要，亦很想向信徒分享你的經歷，從而鼓勵他們亦去認識一件事，即聖靈可以在他們身上工作。你講完課後，覺得達到這個目的嗎？

妙珍：

不少信徒對這個課題很有興趣，因為傳統教會很少觸及相關的課題。不過，亦有遇到學生表示反感，因為我在課堂中會談及自己因認識聖靈而帶來一些生命的改變，有學生覺得這樣會流於主觀，所以不大高興。

其實一般信徒對聖靈的工作都不大認識，甚至有點半信半疑，再加上某些教會所強調的某些靈恩表現，令他們覺得聖靈的工作高深莫測。他們雖然接受教會所教導的教義，相信神是三位一體，但是，對於聖靈的工作，卻覺得沒甚麼認識也好像不會出甚麼大問題，對信仰也沒有甚麼大影響似的。授課完畢，我的確有點失望，因為他們好像不能分享到我的體驗；我甚至有一陣子感到失落，懷疑自己的經歷是否真實：如果我的經歷是真實的話，為何不能夠幫助別人得到同樣的經歷？後來我才發覺，我又回到自我中心的毛病，要追求成果，這豈不是最初使我遠離神的「死穴」嗎？我只能再一次在神面前承認我的軟弱。

樟平：

這的確不是一個容易學會的功課。我們太渴望看見果效，在某程度上，是為了肯定自己，這便很容易將目光轉移到自己身上。於是，有成果的話，我們便很容易變成自我肯定；如果沒有成果，就會變得畏縮、疑惑。將目光放在自己身上，是我們的「死症」，魔鬼最喜歡利用這種「兩邊不是人」的陷阱來絆跌我們，追求成果又覺得不行，不追求成果又覺得不行。

妙珍：

其實，這幾年我清楚知道自己掉進這個陷阱有三次之多。最初一次，要經過幾個月，才讓主把我拉出來；後來兩次，時間較短，但仍然跌得很痛。我知道這是我的「死穴」，我如果服事主之後，期望看見果效的話，就一定會跌倒。你知道嗎？主近來用了一個新方法來幫助我。每當講道或教學之後，都彷彿聽見主對我說：「我悅納了你的事奉，你悅納自己的事奉嗎？」當我第一次聽見這句話，我真的想說：「祢悅納我的事奉，我卻不悅納——因為沒有我所期望的效果！」我知道主一定會問我：「你期望甚麼效果呢？你不是說為我講道和教學的嗎？我已經悅納了，你還要求甚麼？」那還用說，我當然是要求肯定自己！但我不敢再作聲了。

樟平：

如果我們能永遠專注於追求生命的成果，即聖靈所結的果子（加五 22～23），可能就不會那麼容易給絆倒了。話說回來，你除了開設並教授這個科目之外，你還預備了一篇〈聖靈為你帶來新生命〉的信息，並到不少教會傳講呢！

妙珍：

是的，在我研經的過程中，發現了一段我覺得很重要的經文，就是約翰福音二十章 19 至 22 節。經文記述門徒因害怕而躲藏起來，復活了的主耶穌向他們顯現，向他們說了「願你們平安」之後，就向他們吹了一口氣，說：「你們受聖靈！」

我發現聖經一共有三處經文記述「吹氣」這個行動，除了此處，兩次都是在舊約聖經。第一處廣為人知，就是創世記二章 7 節：「耶和華神用地上的塵土造人，將生氣吹在他鼻孔裏，他就成了有靈的活人。」第二處是以西結書三十七章的枯骨的異象。聖經記載：「主對我〔以西結〕說：『人子啊，你要發預言，向風發預言，說主耶和華如此說：氣息啊，要從四方而來，吹在這些被殺的人身上，使他們活了。』於是我遵命說預言，氣息就進入骸骨，骸骨便活了，並且站起來，成為極大的軍隊。」（9～10 節）

樟平：

這是耶穌顯現後向門徒所作的第一件事，即是主將氣息吹給門徒，要門徒受聖靈。

但是，約翰福音的記載卻似乎與舊約那兩處經文的情況有所不同啊！至少門徒沒有即時出現脱胎換骨的改變。

妙珍：

是的。按約翰福音記載，門徒因害怕而把自己關在屋內，在某程度上是失去了活動的能力。耶穌向他們吹了一口氣，說他們受聖靈，但他們其後沒有即時改變，是因為按照使徒行傳一章所記，聖靈在那時還未降臨。但是，當聖靈在五旬節降臨之後，門徒便脫胎換骨，一無所懼地去作見證，應驗了主在使徒行傳一章 8 節的話！我講道的時候，用了一個例子來形容這種改變，就是由毛蟲變成蝴蝶。我們的生命會由毛蟲這種形態醜陋、令人討厭、在地上辛苦爬行、只看見地上的平面的生命，變成蝴蝶這種形態吸引、令人愉悅、在天空自由飛舞、視野擴闊的天上的生命。我相信每個基督徒都可以經歷到這種由毛蟲變成蝴蝶的改變。我信主三十多年，過往二十多年那種枯竭、自我的生命，如果都說是蝴蝶的生命，我想沒有人會渴望做這種蝴蝶了。如果要從神學角度來解答這個問題，只要細讀羅馬書六至八章，便能夠找到一個很好的答案。我只想指出，保羅在六章 1 至 2 節說：「……我們可以仍在罪中、叫恩典顯多嗎？斷乎不可！我們在罪上死了的人豈可仍在罪中活著呢？」他這樣說，言之下意就是我們這些應該是在罪上死了的人，卻仍可能在罪中活著。

樟平：

換言之，受了聖靈的人，會像死人變成活人一樣，會有脫胎換骨的改變。

但是，我們始終要面對一個問題，就是我們信主的那一刻，不是說聖靈已經居住在我們裏面了嗎？從這個角度來看，每個信徒豈不是應該有了蝴蝶般的新生命？但是在現實生活中，起碼我不敢說自己已變成了蝴蝶，我的許多表現，都像毛蟲多過蝴蝶。究竟我的信仰出了甚麼問題呢？

此外，你說我們這些應該是在罪上死了的人，卻仍可能在罪中活著。這句話很矛盾，因為一個死了的人，就不會活著。如果一個人「死了」，卻仍然活著，他就不是真的死了，可能只是一瞬間的「假死」甚或是「詐死」。保羅說這話的時候，確實認定他的自我已經死去。因為他在加拉太書二章 20 節坦言：「我已經與基督同釘十字架，現在活著的不再是我，乃是基督在我裏面活著……」你同意嗎？

妙珍：

所以，保羅繼續說：「豈不知我們這受洗歸入基督耶穌的人是受洗歸入他的死嗎？所以，我們藉者洗禮歸入死，和他一同埋葬，原是叫我們一舉一動有新生的樣式，像基督藉著父的榮耀從死裏復活一樣……這樣，你們向罪也當看自己是死的；向神在基督耶穌裏，卻當看自己是活的。」（六 3～4、11）保羅直言受洗歸入基督的人，是歸入基督的死並與祂一同埋葬，所以當看自己是死的。換言之，當我在三十多年前受洗的那刻，就當看自己已經死了。我的自我如果還是在我的身上繼續作主，這個自我就並沒有真正死去。

保羅接著還說：「並且我如今在肉身活著，是因信神的兒子而活；他是愛我，為我捨己。」（20 節下）但是，我卻不像保羅，我的自我如今仍然在這副肉身中活著，仍然想事事作主。

樟平：

換言之，我們不像基督耶穌，祂是一次的向罪死了，但我們卻要像保羅那樣「天天死去」（林前十五 31，按原文意思直譯）。或是像耶穌所說的：「若有人要跟從我，就當捨己，天天背起他的十字架來跟從我。」（路九 23）我們每天都仍然要在順從肉體和順從聖靈這兩者之間作抉擇……這個道理我們並非不知道，而是做不到。「自我」的力量實在太強大了，我們總是想著自己，和跟隨自己的喜好、性格及心意而行。反之，聖靈在我們心裏的力量卻似乎太小了，毛蟲怎能變成蝴蝶呢？

妙珍：

不要忘記，耶穌基督確實是一次向罪死了，祂包括肉體的整個人都真的死了和埋葬了，但我們卻沒有真的死了和埋葬了，我們的肉體從沒死過，所以仍會犯上因順從肉體而引起的罪。正因如此，聖經才不斷提醒我們不要體貼肉體，要體貼聖靈。會眾聽我講完這篇道之後，許多人都有你那種感受，表示很渴望由毛蟲變成蝴蝶，但奈何卻無力改變，他們經常問我該怎樣做。但是，按我的經驗，每次沿著「我可以做些甚麼」這種思路去構想出路，就只會再次走進死胡同。因為蛻變的關鍵，正正是要「我死」，而不是要「我做」，我們死了，才能夠與基督一同復活。有點抽象吧？

樟平：

這玄妙之處，有點兒像尼哥底母問耶穌，人如何重生一樣。耶穌的回答是：「我說：『你們必須重生』，你不要以為希奇。風隨著意思吹，你聽見風的響聲，卻不曉得從哪裏來，往哪裏去；凡從聖靈生的，也是如此。」（約三 7～8）這樣說來，是聖靈使我們重生，但我們卻無從控制聖靈怎樣使我們重生？其實，當尼哥底母問耶穌人如何重生的時候，耶穌已指出人是藉聖靈重生的，但祂卻同時強調，聖靈像風一樣隨著自己的意思吹，所以，我們不能做甚麼來支配聖靈（約三 5～8）。我們只能憑著信心，相信聖靈會賜給我們新的生命，並且等候聖靈的工作。

妙珍：

我想，由毛蟲變成蝴蝶所經歷的過程，或許可以給我們一些啟示。毛蟲要結繭，不食不動兩、三個星期，然後待繭破裂，牠的頭和足，先出來抓住樹枝，讓翅膀伸展和硬化，然後牠便正式由毛蟲變成美麗的蝴蝶。所以這個結繭的過程，是變成蝴蝶的必經之路。如果以信徒的生命來說，就是要放下自己的一切努力，將這個脆弱的我，全然交在主的手中，單純信靠主，完全倚靠主，讓主藉著聖靈的大能改變我。

當我真實面對自己，發現仍然是「我所願意的，我並不做；我所恨惡的，我倒去做」（羅七 15）……我便清楚知道，我無論怎樣也不能靠自己的力量由毛蟲的生命蛻變成蝴蝶的生命，我就只能發出無助的呼喊，並說：「主啊，我真是苦啊！求祢救我脫離這取死的身體！」（參羅七 24）主便藉著聖靈來幫助我。我是完全被動的，惟一可說是出於我的行動，就是呼求神來改變我而已。

樟平：

你這番說話，讓我想到耶穌在路加福音十一章 10 至 13 節的教導：「凡祈求的，就得著；尋找的，就尋見；叩門的，就給他門開門……你們雖然不好，尚且知道拿好東西給兒女；何況天父，豈不更將聖靈給求他的人嗎？」我們只要祈求，神就會藉著聖靈，使我們由毛蟲變成蝴蝶。

5

人的責任 與 神的工作

▲ 寧靜的小島：坪洲遠景

樟平：

上次與你談到毛蟲變成蝴蝶要經歷一個結繭的過程，這令我想起一段我不甚明白的經文，就是希伯來書三至四章。我不明白作者為何論證耶穌大過摩西之後，便立即警告讀者，他們務必要進入神的安息。而且，他在四章 8 至 9 節還鄭重其事地說：「若是約書亞已叫他們享了安息，後來神就不再提別的日子了。這樣看來，必另有一安息日的安息為神的子民存留。」換言之，作者提醒信徒務必要進入神為祂子民存留的另一個安息，但這個安息卻不是指到我們死後的安息，而是在生的時候要進入的安息。聽起來是否有點像毛蟲變成蟲蛹的那種安息？而整段經文多次指出，那不能進入安息的，就如古代以色列人不能進入安息的原因一樣，是因為不信的緣故（三 12、19，四 2、6、11）。其實，毛蟲如果懂得思想的話，也必須很有信心才願意結繭，因為牠在結繭之後，便要不動不食幾個星期，期間完全沒有防禦能力，只能任由風吹雨打和其他昆蟲的侵襲，真是少點信心也不行。毛蟲如果懂得思想的話，我想不少毛蟲都寧可一生做毛蟲，也不願意冒險結繭，誰能保證牠一定變得成蝴蝶啊！我們若從這個角度來了解這段經文所言，即我們要竭力歇了自己的工，才能進入這安息，便會覺得經文的意思很易明白了。

妙珍：

我過去並沒有從這個角度來看過這段經文，你這個聯想倒相當有趣。在四章 10 至 11 節還接著說：「因為那進入安息的，乃歇了自己的工，正如神歇了他的工一樣。所以，你們務必竭力進入那安息，免得有人學那不信從的樣子跌倒了。」從我們要歇了工才能進入這安息這角度來看，的確有點兒像毛蟲變成蟲蛹進入的那種安息。

而結繭的過程的確有冒險成分，但如果不結繭，毛蟲便只能過著軟弱、受限制和醜陋的生命，永遠體驗不到蛻變成美麗的蝴蝶那種在空中自由飛舞的生命了，這是多麼的可惜啊！如果這就是希伯來書的警告的話——信徒必須「將起初確實的信心堅持到底」（三 14），才能進入這安息，並得到隨之而來的新生命——我就真的希望我們不要因害怕冒險而錯失了這份來自上帝的祝福。如果有機會變成蝴蝶，我決不願意永遠做一條毛蟲！

樟平：

但是，我們怎能歇了自己的工呢？難道甚麼也不作？究竟那是甚麼意思？

此外，過往我不明白這段經文與緊接的四章 12 至 13 節有何關係，但現在看起來，倒有點明白了，但不知對不對。「神的道是活潑的，是有功效的」，我們所信從的，豈不正是神的道嗎？神的道本身是有能力和有功效的，最重要的，是我們要認知到這個事實：神的道一直在工作和達成它的工作果效，而不是我們在工作和努力達致我們工作的果效。

妙珍：

經文多次提到，以色列民是因為不信從，所以不能進入那安息。因此，作者是要提醒我們，關鍵是在於信從而不是作工。信從神是第一要緊的，亦是進入安息的惟一通道；不信從神的話，即使我們怎樣竭力去做，也不能進入神的安息。

神的道確實一直在工作和達成它的工作果效。而且，當我們這樣看下去，四章 14 至 16 節也很有意思：「我們既然有一位已經升入高天尊榮的大祭司，就是神的兒子耶穌，便當持定所承認的道。因我們的大祭司並非不能體恤我們的軟弱。他也曾凡事受過試探，與我們一樣，只是他沒有犯罪。所以，我們只管坦然無懼地來到施恩的寶座前，為要得憐憫，蒙恩惠，作隨時的幫助。」既有主耶穌隨時幫助我們，我們就不用害怕了，可以快快樂樂地變成蟲蛹進入神的安息！祂會隨時幫助我們勝過一切危難，並藉著聖靈賜我們新的生命！

樟平：

如果比較以色列民進入應許地的前後兩個版本，我們就更能夠明白這段經文的意思。民數記十三章記述十二個探子窺探迦南地之後，都見證該地的確是流奶與蜜的美地。但其中十個探子卻力陳進攻該地的凶險，令到百姓

「臨陣退縮」，寧可回到昔日為奴的埃及地；只有迦勒和約書亞相信神足以令他們得勝。由於眾民不信從神，神便起誓不准他們進入應許地，要他們在曠野飄流四十年，百姓這時才知道後果嚴重，於是又貿然進攻迦南地，結果大敗而回。這便證明不信從神的人，不管怎樣竭力進攻，都不能成功。

我們許多時候以為歇了自己的工去信從神，是一種「消極」的「怠工」，即甚麼也不作，只等候神去為我們成就一切。但這種想法其實是錯誤的。聖經所講的信從，是對神的吩咐作出「積極」的回應，並以「行動」去配合，讓神的旨意得以成就。反之，不信從神才是一種消極的表現，你看，迦勒和約書亞對神滿有信心，所以積極勸眾民去進攻迦南地，另外那十位探子卻因為不相信神，所以不斷散播消極的言論，甚至叫眾民折返埃及……

妙珍：

猶幸故事沒有就此完結。四十年後，新一代的以色列民再次進攻應許地。這次他們完全信從神，神吩咐他們用了一個最莫名奇妙的方法來攻城，他們都照樣依從。試想想，如果不是神吩咐他們，他們擅自派兵圍繞耶利哥城行走六日，每日一次，然後於第七日在七名祭司帶領下繞城七次，城牆會倒塌嗎？絕不可能！即使他們加倍努力，繞城走七十次、七百次，城牆也不會倒塌。所以，根本不是他們竭力繞城行走，便能夠使城牆倒塌；是神說要用這個方法使城牆倒塌，他們因為信從，事就這樣成了。

總的來說，聖經的教導是要我們信靠和順服（trust and obey）。以色列民若然不是依照神的吩咐去繞城行走，怎樣努力去繞城也是沒有果效的；但反之他們若走了六日，見城牆完全沒有裂痕而放棄，亦最終只會功虧一簣。

樟平：

所以，我們要去做甚麼和怎樣做，始終是次要的問題，關鍵是要明白和遵從神的心意。但是，尋求神的心意，卻是我們基督徒的一大難題，為何會那麼困難呢？

妙珍：

過往我也有這個感覺，但現在我卻覺得這是個假象，甚至是魔鬼對我們的蒙騙，令到我們有這種錯覺。為甚麼我這樣說呢？因為聖經已清楚說明神的心意，例如，馬可福音十二章 29 節記述耶穌回答一位文士說：「第一要緊的就是說：『以色列啊，你要聽，主——我們神是獨一的主。你要盡心、盡性、盡意、盡力愛主——你的神。』其次就是說：『要愛人如己。』再沒有比這兩條誡命更大的了。」所以，神的旨意很簡單，就是要我們愛神和愛人。我們每個人其實都懂得愛自己，或分辨出別人是否愛自己，所以，只要依據那個準則，就懂得去愛神和愛人，那就是實行神的心意了。

樟平：

是的，如果按照「愛己」的準則來看，我應該曉得怎樣去「愛人」。例如，你是我的丈夫，如果你愛我，我就期望你會傾聽我的心聲，包容我的軟弱，了解我的愛惡，寬恕我的過失，幫助我，扶持我……我只要用這個準則去愛你和愛別人就行了，問題在於我是否願意和能否做到。但是，愛神和愛人是否一樣呢？我們怎樣才算是愛神呢？說實在，我們仍然很容易迷失。例如，我抱著愛神和愛人的動機參與教會事奉，豈料得不到弟兄姊妹的支持和讚賞，就很容易變成對他們的怨懟。這不單沒有愛，還製造了紛爭。

妙珍：

我們從舊約的先知書看到，神絕不欣賞以色列民那種徒有形式的敬拜行為，例如，祂在以賽亞書二十九章 13 節說：「這百姓親近我，用嘴唇尊敬我，心卻遠離我；他們敬畏我，不過是領受人的吩咐……」我們便曉得神要我們用「心」去親近祂和愛祂。我相信，我們只要誠實地撫心自問，多少都知道自己是否真的愛神。而且，新約聖經還提供了一個更清晰的指標：「人若說『我愛神』，卻恨他的弟兄，就是說謊話的；不愛他所看見的弟兄，就不能愛沒有看見的神。愛神的，也當愛弟兄，這是我們從神所受的命令。」（約壹四 20～21）

而妳所提及的情況，即我們很容易由投入事奉變成彼此埋怨……其實我也經常面對這種情況呢！而且我不單會埋怨弟兄姊妹，甚至還會埋怨神。你還記得嗎？幾年前，我們一起參與一個夫婦營，在當中做導師，之前已經忙了一陣子，為營會做準備，入營兩天，已經很疲憊，豈料兒子來電，說家中的空調滴水，被鄰居投訴，管理處要我們馬上維修，才可以再開動空調。當時我即時向神抱怨說：「神啊，你知道我為你工作得很辛苦，難道你給我空間透一口氣也不行？」這完全反映了我的「事奉」心態：「神啊，我為祢工作，祢就為我打點家中的一切，以及保守我的兒女聽從父母和不要學壞吧。」你說我這樣算是愛神嗎？

樟平：

對，我也注意到這點。我們在教會「事奉」完畢，已經很疲憊，如果回到家中，發現兩個兒女沉迷於電腦，飯後的碗碟也沒有清洗，我就會大發脾氣，罵他們一頓。我想，在他們的印象中，會覺得我每次上教會後，都很容易罵人。當時我只覺得是他們不對，從來不反省自己的不是。如果子女聽到我口裏說，到教會事奉是為了愛神；他們一定不明白，我怎麼會「愛」神之後，那麼容易發脾氣。現在回想起來，我只能說，我是靠自己的力量「事奉」，所以很虛耗心力、體力，而且，在某程度上，我還很自我中心，因為我要其他人——包括我的兒女——來配合我，否則我就會不高興。試問這種所謂「事奉」，怎能算得上是愛神？神也不願意見到我這樣。

妙珍：

當我開放自己，讓聖靈在我身上工作之後，我確實有一些跟從前不同的體驗。我知道自己沒有力量去服事神，連帶小組查經也力有不逮，只能祈求聖靈帶領整個查經過程和開啟我們的心靈去明白祂的話語。雖然我像從前一樣為查經作準備，但壓力卻減少了，因為我知道不管我怎樣努力，都不能夠取代聖靈的工作，祂親自引導人明白神的話語。而且，在帶領查經的過程中，我自己也變成了一個學生，聆聽來自聖靈親自的教導，或者聆聽祂藉著其他組員告訴我的信息，因此，事奉便不再是純粹付出，我本身也有很大得著。所以帶領查經之後，即使身體會感到疲累（因為很多時候，我是下班之後回教會帶領查經的），內心卻沒有耗盡的感覺；飽足和喜樂的心靈讓我仍有餘力，去處理回家途中和回家之後可能出現的各種「挑戰」。

樟平：

我也有同樣的經歷。記得某個主日，我到教會參加八時四十五分的早堂崇拜，然後教主日學，下午還要於一個聚會作協助，一直忙到下午五時多，我真的累透了，心知自己這種狀態，一定很容易發脾氣，所以在回家途中不住禱告，告訴神我已經很不濟，求祂幫助我放下自己的需要，去體會子女的需要——他們已經很乖，大半天都留在家中溫習，現在該輕輕鬆鬆跟我們一起吃飯聊天——感謝神，我真的經歷到祂的幫助和加力，讓我們可以共享天倫，真正經歷到事奉的喜樂。

妙珍：

耶穌豈不是說過這樣的話嗎？——「凡勞苦擔重擔的人可以到我這裏來，我就使你們得安息。我心裏柔和謙卑，你們當負我的軛，學我的樣式；這樣，你們心裏就必得享安息。因為我的軛是容易的，我的擔子是輕省的。」（太十一 28～30）過往我把這段經文應用在未信者身上，所以體會不到這段經文的意思。但現在我應用在自己身上，我便深深體會到這段經文的真實了。原來不單未信者在勞苦擔重擔，我這個靠自己力量去服事主的人，同樣是在勞苦擔重擔。惟有像主耶穌那樣放下自己，專一倚靠神，才能夠輕省下來。

樟平：

是的，我現在才發現我們真的很軟弱。我們最初確實是為了愛神和愛人才承擔事奉的工作，但一個不留神，便會變得像從前般自我，要神和別人來配合我和滿足我。

讓我補充一句：最要緊的是愛神和愛人，這完全在乎我們的心。但由於我們的本性是愛自己多於愛神和愛人，所以，我們也許只能祈求：「主啊，求祢賜我一顆愛祢的心。」

妙珍：

讓我嘗試為這次談話作一個總結：神會照祂的心意去成就祂的工作，一切的成果，百分之一百是祂的作為，我們只要信從神的話語而行，就可經歷到祂為祂子民存留的安息，身上的擔子也變得輕省容易。神要我們配合祂的工作（不是我們要神和別人來配合我們的工作），是為了給予我們機會，去參與祂的偉大計劃。我們盡上的努力，可能只佔整個計劃得以成就的「0.1%」，但神卻讓我們有分參與，讓我們能夠分享祂的光榮和喜樂。我的努力既然只佔「0.1%」，我就一定做得來，我便不能找借口，說自己做不來便不去做。但既然只佔「0.1%」，我便沒有功勞可言，一切的成果都在神的手裏，不用我去操心。所以我只管快快樂樂地去信從祂，其他的一切，便不用掛慮。

6

做事與做人

▲「四隻貓」象徵作者一家四口？作者不是特別喜歡貓，但家中有不少貓的擺設，為的是懷念一位早逝的藝術家摯友，這位摯友非常疼愛兩隻收養的流浪貓。

樟平

妙珍

樟平：

上次談到，我們那良善的動機，即為了愛神和愛人而做某些事，一不留神，便很容易變回以自我為中心……由信從神，變成要別人——甚至要神——來配合我和滿足我。我發覺這種情況不單在事奉中出現，在生活中亦時常發生。

妙珍：

是的，例如你的「母親大人」，知道我們愛吃番薯糖水，便差不多每次與她上茶樓吃飯，都買幾斤番薯給我們。我們請她不要再買，她都繼續買；我想這就是「她愛我們，卻變成要我們配合她」的例子吧！

樟平：

你說我的母親是這樣，你也豈不是一樣！不過，近來我發現你確實有所改變。剛過去的農曆年三十晚，我們團年後留在坪洲過夜。你少有地走進廚房親自操刀，要把上海年糕切好，說翌日年初一要按你們的家鄉傳統習俗，弄年糕及湯圓作新年的早點給我們吃。可惜你真的太少切年糕了，並只記得你媽媽切東西時，一般都切得很幼細，所以記錯了，以為她連年糕也切得很幼細。你把年糕切成很薄的一片片薄片，所以一烹煮，便差不多溶化了，結果被我們兩個孩子連番取笑。這正是一個動機良好，付出努力去做，卻做出差劣效果，並且得到差劣評價的實例。當你發現烹煮的效果不佳，又聽到兩個孩子在取笑你，那時，你有甚麼感受？我覺得你出乎意外地平靜，好像沒有太大的不悅似的……

妙珍：

這些賀年食品，過往總是媽媽弄給我們吃的。前年媽媽過世，去年則由你來弄。今年我特別想念媽媽，所以想學她那樣，在年初一弄一些年糕、湯圓給大家吃。

說真的，年三十晚晚上，天寒地凍，一個人躲在冷冰冰的廚房切年糕，還要把年糕切得那麼薄，確實用多了幾倍的努力。不過，當時我心裏真的十分想念媽媽，有一顆效法她服事家人的心，亦有一顆想愛家人和服事家人的心，所以切年糕也切得很開心。是的，最初我確實感到意外。我明明記得媽媽切東西是切得很薄的，但年糕一烹煮，便立即溶化了，而你和兩個孩子，都力證是我記錯，我就知道真的是我記錯了。用上加倍努力，最終弄成這個樣子，當然不是我所想望的，但我卻沒有因此不高興……這可能是因為我只一心想代替媽媽去做一件事，以及希望有一個服事家人的機會吧！我當時還提醒自己，下次記得要做好些。我這種反應，真的那麼出乎你的意料之外嗎？

樟平：

從這件事例來看，我們一般做事，會涉及四個環節：動機、努力、效果和別人的評價。動機和努力這兩部分，是我們可以控制的；但得出來的效果和別人的評價，卻不是我們可以控制的。或者說，有許多因素會影響所得出來的效果和影響別人對這件事的評價。問題是，我們出於良好動機做一件事（例如，為了愛神和愛人），又付出了很大努力，但得出來的效果卻不佳；不單得不到別人的欣賞，甚至還受人批評，我們通常就會感到受傷害和委屈，害怕再嘗試，所以，對於你這次能打破這種慣常出現的規律，我倒覺得出奇呢。

妙珍：

其實，我平時真的很重視工作的效果和別人的評價，特別是在教學方面。在授課的時候，如果我覺得自己教得不好，或是學生顯得沒有興趣聽課或表示不明白，我都會感到很氣餒。因此，每次上課前，我都感到很大壓力，要為此切切向神禱告，期望得到神的祝福。

如果我重視教學的果效，完全是為了學生的好處，希望他們明白和感興趣，以及希望改善自己的教學質素，我相信這是我應有的責任。但是，我知道我的恐懼和壓力來源，並不是那麼單純——我害怕自己教得不好，是因為這便證明了我不勝任老師的工作；此外，我害怕學生將我跟其他老師比較，覺得我不及他們……我關注的是自己而不是他們，是很自我的表現。對此我實在很慚愧……

樟平：

我知道，因為在你教學這十幾年間，你都經常面對這種壓力，而且，每到學期快完結的時候，學生要填寫評檢表，那時你的壓力就特別大。我們曾經就這個問題談過很多次，亦討論過很多解決方法。可是，你之所以有這種感覺，其實是很複雜的。從某角度來看，你害怕自己教得不好，不勝任教學的工作，也是負責任的表現。難道你授課時，不能使學生明白，卻推説是學生自己不濟，這又是對的嗎？我還記得，有一晚，你在教授晚間課程之前，又為到害怕不能把書教好而感到很大壓力，後來讀到德蘭修女一本書上的一些話，為你帶來很大的啟廸和幫助，你還得記這段說話嗎？

妙珍：

其實這個問題已困擾我多年，到這一、兩年我才逐漸在神的光照下，把問題弄清楚，我現在稍為能夠正視這個問題，但依然未能說得上是完全勝過。

而德蘭修女的那些話，我當然記得，因我深深覺得這些話是神賜給我的。那天，我大約在下午五時吃了一點東西，便默默為晚上的授課禱告，但我內心始終不能釋然。由於授課時間未到，我便到了商場的一間書店逛逛，正正看見德蘭修女的作品：*Mother Teresa: In My Own Words*，那本書的封底，有這樣的一段說話："If we were humble, nothing would change us – neither praise nor discouragement. If someone were to criticize us, we would not feel discouraged. If someone would praise us, we also would not feel proud."（中譯：「我們若然謙卑，就不會受任何讚揚或洩氣的話所影響。若有人批評我們，我們不會感到氣餒；若有人稱讚我們，我們也不會感到自傲。」）神一語中的地把我內心隱藏的驕傲揭示了出來，我之所以那麼重視要把書教好，是因為我驕傲，如果我謙卑，即使有學生批評我的教學不理想，我也可以謙卑受教去改善。由那天開始，這句說話便時刻提醒我。真的，如果我謙卑，我便有無盡的改善空間，而且，能夠在學問和人格中不斷成長，這又帶給我無窮的樂趣！

樟平：

那麼，德蘭修女的這些說話，是否幫助你能夠接受兒女對你弄年糕的狼狽相的批評和取笑呢？你知道嗎？當兩個孩子取笑你把年糕弄得一塌糊塗後，我見你坦然說是自己記錯了，而他們再說一句：你記性太差！接著便住口，繼續把你弄出來的年糕和湯圓吃完。我想，如果你當時因不開心而動怒，甚至說句晦氣話，他們一定會覺得受委屈而又反感，然後便會再說「弄得不好，還要罵人」之類的說話，令原本使人樂滋滋的一件好事，變成最終不歡而散。而且，他們更會由原本批評你所烹煮的東西，變成批評你這個人……

由此，我便想到一個問題。我們做事，大抵只能夠證明我們的能力；但是，它是否能夠證明我們是一個怎麼樣的人呢？又如何證明？

妙珍：

在這兩年來，德蘭修女的這些話，不斷提點著我，或許，這在我身上已發揮了一點作用。不過，我覺得今次能夠平靜面對自己做得不好這事實，是歸因於我突然有一種「愛」的心態，那是包括對母親思念的愛和渴望服事家人的愛，這種愛使我完全忘記了自己，所以，沒有因受到批評而感到受傷害並想作出反擊。這確實是很奇妙的，我好像稍為能夠將工作果效與自己分開：我是出於愛去做這件事的，目的純粹是為了別人（母親和家人），事情弄得不好，雖然有點遺憾，卻不影響我的「愛」，甚至還驅動著我，緊記下次要努力改善，令大家吃得更開心。

事與人，應該是可以分開的吧！但在現實生活中，很多時卻是糾纏不清的，例如，有人讚賞我某件事做得很好，我就覺得他是讚賞我這個人；批評我某件事做得不夠好，我就覺他得是在批評我這個人。所以，我們習慣用做事來證明自己。另一方面，也許做事的態度，可以證明我們是謹慎或草率的人，有計劃或混亂的人，勤快或慢吞吞的人……你有其他想法嗎？

樟平：

你所說的做事態度，大都可以歸類為辦事能力之類吧。但除了辦事能力之外，我們的品格為人，卻不能夠像做事般「做」出來，倒會在做事的過程或日常生活的待人處事中顯露出來。所以，像我這個做事算得上是「勤快」的人，卻可能在做事的過程中顯露出「霸道」、「急躁」的性子。即使把事情做好，在完成「目的」的「過程中」卻傷害了不少人。

「為求目的不擇手段」當然大有問題，我們很少抱著這個宗旨去做事，只不過，我們有時急於求成，害怕達不到目的，最終便會忽略了過程中對別人所造成的傷害。這個經常出現的死結，該怎樣解開呢？我們不能不做事，但做事的時候，既可能會傷害人，又可能會被人傷害，那該怎麼取捨？

妙珍：

我認為如果把「做好」某件事作為我們的人生目的，那不管這件事是如何合理和正確，始終都是有問題的。完成目標（task），是人生全部意義之所在嗎？而且，在做事的過程中，或者把事做完之後，若然被人批評，我們亦很容易會將那件事與自己連在一起，再不能分割，覺得別人批評那些事，就等於批評自己，於是便感到很受傷害。

德蘭修女那些話，對我們是很好的提醒。但除此之外，我們必然能夠從聖經尋獲答案。我突然想起亞伯拉罕，我們稱他為「信心之父」，新、舊約聖經都對他推崇備至，但是，他做了甚麼豐功偉績，值得後世稱頌呢？好像沒有……

樟平：

想起來，聖經真的沒有記載過他一生做過甚麼「大事」。亞伯拉罕只是聽從神的吩咐，離開自己的家鄉，過著四處流徙的生活。他的一生沒有建立甚麼功業，他除了幫助姪兒羅得一家和接待客旅之外，也好像沒有幫助過許多人，但是他一生都在認真做著神要他做的事，就是等候神的應許在他身上成就；在這過程中，便顯露出他擁有神最喜愛的「信靠和順服」的品格，於是，他便被神稱為「朋友」，也成為基督徒的「信心之父」。

這使我想起耶穌基督，祂一生也好像沒有做過甚麼「大事」。祂好像亞伯拉罕一樣，沒有屬於自己的人生目標；祂的一生，就是要「遵行差我來者的旨意，做成他的工」（約四 34）。但是，祂所作的「工」，人看上去卻不是甚麼偉大的建樹，祂只是愛人，憐憫人，將生命之道告訴人，甘心虛己作僕人——基督徒當然相信祂的一生成就了偉大的「工」（如果這也稱得上是「工作」的話）——就是為了救贖人類，在十架上犧牲了，成就了「和平」、「和好」……我想，我們若在任何境遇中都能夠與神和好，就一定能夠與人和好，亦可以與自己和好。這樣，我們就不會為了做事而傷害別人，或者輕易覺得被人傷害。反之，我們如果像掃羅王那樣開始抗拒神，接著就會抗拒人，而最終自己也不會好過。

妙珍：

你有沒有留意到，我們所熟悉的約瑟，聖經記載他生平的方式也很獨特：聖經記載得最詳盡的，是他的坎坷前半生，反而他在埃及做宰相之後，卻沒有記載甚麼。他的前半生，可說是完全被動的：因為他是父親所愛的妻子所生的，被父親偏愛，惹來兄長妒忌，最終被賣到埃及，被主母嫁禍，被下在監裏，幫助酒政卻得不到回報……但是，他在這種種不幸中，卻展示出他對神的信靠、順服，見證了神對他的眷愛（創世記三十九章 2、21 節都有「耶和華與他同在」這句話），事後還安慰賣他的兄長說：「從前你們的意思是要害我，但神的意思原是好的，要保全許多人的性命，成就今日的光景。」（創五十 20）約瑟今天受人傳頌的，便是他這顆信靠神的心。

如此看來，我們在神面前做一個甚麼樣的人，永遠都重要過作甚麼樣的工。我現在明白為甚麼眾人問耶穌：「我們當行甚麼，才算做神的工呢？」耶穌會回答說：「信神所差來的，這就是做神的工。」（約六 28～29）我們能不能夠做成某項工作，在乎很多因素，例如，我們的才能、客觀的條件和機會，那是我們不一定能夠操控的。但是，我們在各種境遇中的生活態度，卻反映了我們是甚麼樣的人。神所看重的，就是我們在各種境遇中是否仍然愛祂和信靠祂。

所以，我們要做一個合神心意的人，才能做合神心意的事。如果我們表面上做合神心意的事，但本身卻不是一個合神心意的人，就只會變得愈來愈虛偽，是的，最終可能落得像掃羅王一樣的下場。

樟平：

我想起被譽為「近代宣教之父」的克理威廉（William Carey），他有一句名言，是「向神求大事，為神作大事」，但是，如果我們讀過他的傳記，就發覺他的生命若不是與神緊密結連起來，讓神成為他的主人、知心友、避難所、力量和倚靠，他根本不可能有我們今天所看到的成就。他只是補鞋匠出身，在決定前赴印度之前的潦倒生活姑且不説，就以他在一七九三年啟程往印度説起，他就要面對連串困難：經濟無援，妻子患上精神病，五歲的兒子患上肝炎病死，而自己只能呆在染布廠工作養家，工餘才能翻譯聖經；在印度工作七年，也未能帶領一個印度人歸主；剛開始時，聖經又譯得不好，經過了差不多二十年努力，在他工作稍為順利的時候，一場大火卻把他用了多年心血才完成的多種語文對照大字典、兩本文法書和整本聖經的譯稿都燒毀了……若我們面對這些事，真不知如何面對，充滿怎樣的怨忿了。

但克里．威廉「真金不怕火」。這場大火，不但沒有摧毀他，反而把他煉得比金更精。在《得勝到底》（*Finishing Well in Life and Ministry*）這本書中，作者引述他寫給他英國朋友的信中的一段話，在信中他這樣說：「這片土地必須重新耕耘了，但我們並不灰心……我們在一切患難中仍得著力量，不至於灰心喪志。對我來說，思想神的主權和智慧給我很大的支持……我努力用詩篇四十六篇 10 節來處理上主日發生的那件事所給我的痛苦，它說：『你們要休息，要知道我是神。』經文啟發我得出兩個原則：（1）神有權按祂所喜悅的心意使用我們，（2）我們要默然接受神藉著我們以及在我們身上所做的一切。」（頁 95）往後的二十年，他繼續孜孜不倦地在印度工作，一直沒有返回英國，直至七十三歲病逝。他的遺囑指明，人在他的墓上只可刻上他的名字、生死日期和一句詩歌，詩句的大意是：「一條貧窮、無助、可憐的蟲，在祢慈愛的臂彎中安息了。」

妙珍：

你看到嗎？我現在遇到小小挫折，或者看不見自己期望的工作成果時，就已經不滿或埋怨，我的生命根本脆弱不堪，甚至反映出我只想借助神來完成自己的工作。我完全不像一位忠心愛主的僕人。

一個一心要為神作大事的人，如果他所關心的，只是要「作大事」，就不可能像克里．威廉一樣，在工作成果毀於一旦的時候，仍然對神有如此的尊重和倚靠。神在任何時刻，都依然是他的主人，他與神之間的親密關係，從沒被工作的成敗所影響。自始至終，他做任何事都是出於對神的愛，他亦從沒有因為人生的挫折而懷疑神對他的愛。我想起保羅在哥林多前書三章 13 至 15 節所說：「各人的工程必然顯露，因為那日子要將它表明出來，有火發現；這火要試驗各人的工程怎樣。人在那根基上所建造的工程若存得住，他就要得賞賜。人的工程若被燒了，他就要受虧損，自己卻要得救；雖然得救，乃像從火裏經過的一樣」。克理．威廉的工作被燒毀了，但他的「工程」卻存得住，因為他建造的不是工作，而是在基督裏面的「生命工程」。他的工程是用金建造的，所以便「真金不怕火」，反而愈煉愈精。

樟平：

你知道嗎？最令我感動的，是在互聯網上讀到克里．威廉寫給兒子的信，在信中他這樣說：「今天是我七十歲生日，我的一生，有如神用恩慈和良善建成的一座紀念碑，但我回顧自己一生，我只有謙卑地伏在塵土中：我直接犯的罪無法計算，在主的工作上多有疏忽，推展事工時不夠盡力，在彰顯神的榮耀與尊榮上也不夠盡責。儘管如此，我仍是蒙神的恩典活到今天，也蒙神允許在祂的工作上有分，我深信自己是因著基督才得蒙祂如此的恩寵。」樟平，如果克里．威廉的一生，就見證著「為神作大事」的意思，你還會祈求為神作大事嗎？

妙珍：

I do！（我願意！）

7 執著與放手

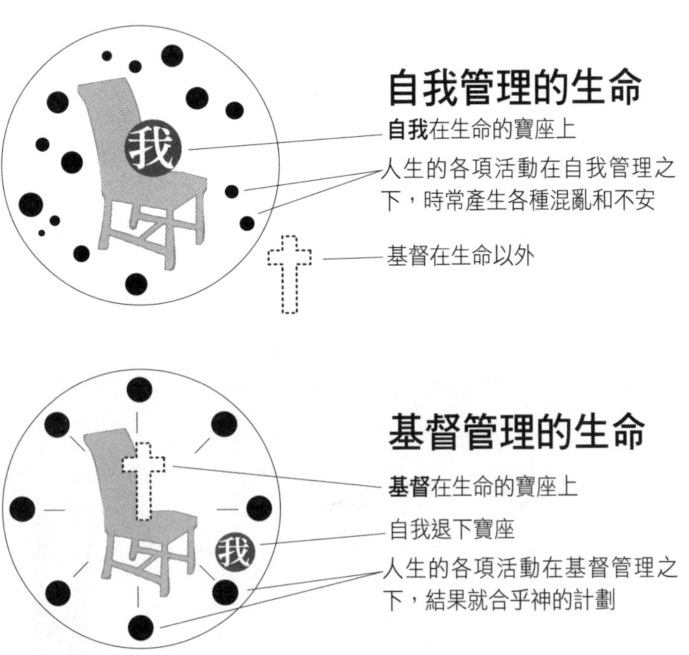

▲「四個屬靈定律」是學園傳道會創辦人和會長白立德夫婦（Bill Bright and Vonette Bright）構思出來的，大意是指這個物質宇宙是由一套物理定律來管理，同樣，人與神的關係亦是由一套屬靈的定律來管理。我們要認識並依循這套屬靈定律，才能與神建立關係。要詳細認識此四個定律，參「學園傳道會」網頁（www.hkccc.org/main.htm）。

樟平

妙珍

樟平：

你和我都是在七十年代中學時期決志信主和參與教會的。當時教會很喜歡用「四個屬靈定律」來講解救恩，你還記得它的內容嗎？你又是否記得，最後那兩幅「經典」的圖解？我相信每個聽過「四個屬靈定律」的人，都一定會像我們那樣記得這兩幅圖解。而且，在我決志信主的時候，我還清楚記得，我承諾不再作自己的主人，並且邀請主耶穌坐在我人生的寶座上面，我的人生從今以後便由祂管理和作主。一直以來，我都假定自己交出了人生的主權，因為我從來沒有否認過自己的信仰，也沒有奪回這主權。但是，我今天突然有一個醒悟：我如果已經把人生的「控制權」交給主耶穌，我對自己的人生豈不是已經“out of control”（失去控制權）？可是在我的實際經驗中，我從來沒有覺得自己是“out of control”的。

而且，說實話，我極之害怕“out of control”！

妙珍：

我當然記得。我曾經用它來傳福音。「四個屬靈定律」這麼簡明易記，怎會不記得呢！第一個定律是神愛你，為你的生命有一美好的計劃。第二，是人因有罪，所以經驗不到神的愛和神為他生命所定的計劃。第三，是耶穌基督是神為人預備的惟一救法，我們只可藉著祂與神重建關係。最後，是接受耶穌基督作為救主和生命的主，邀請祂進入我們的心中，管理我們的生命。你既然說那些圖解「經典」，我又怎會不記得呢！我想，即使透過其他方式來了解救恩和決志信主的人，都作過類似的決定：接受主耶穌作為救主和生命的主。

而你說的“out of control”，是指「失去控制權」或「失控」。我們當然害怕自己失去控制權，因為我們直覺知道，失控會帶來混亂和危險。例如，我們踏單車時若然失控，便可能會造成嚴重後果——撞毀別人的財物，撞傷別人和弄傷自己，所以我們一定會小心駕駛，避免失控。我想，我們天生有一個「自動防衛機制」防止我們失控。不過，你說我們將人生的主權交給主耶穌，這與「失控」是有分別的，也許，用「交出控制權」（surrender our control）這個說法比較恰當，因為我們的生命並沒有失控，只是交出了控制權，讓基督去控制；因為我們相信，祂控制我們的人生，比我們自己控制得更好。是嗎？

樟平：

你說得對。不過，從我那麼抗拒和害怕“out of

control”的心態看來，我發現我其實仍然牢牢握著人生的主權，我害怕失去控制權之後，可能會使我的人生出現混亂和痛苦。從這個角度看，我沒有真正將人生的主權交給主耶穌，讓祂完全管理我的人生。其實，我們駕馭自己的人生，並不代表不會失控，反之會經常失控。例如，我經常會被「大減價」吸引而失控地購物；又會被兒女激怒，失控地發脾氣。我們又會受私慾引誘而失控地犯罪；更會在社會的壓力下隨波逐流，甚至認定「人在江湖，身不由己」，這些都是失控的表現。所以，我們以為自己能夠掌控人生，或是以為自己掌控人生是最安全的，其實只是被魔鬼所騙，或是自欺欺人。我們怎樣才能真正把人生的主權交給主耶穌呢？我們也許明白這個概念，但是在現實生活中該怎樣活出來呢？我們每天都要作各種決定並採取行動，實在很難逐一識別；究竟是我去 control，還是由基督去 control？頂多能夠像過往一樣，盡量按照聖經的教導去行事就是了。

妙珍：

我明白你的意思。我們仍然牢牢握著自己的人生駕駛盤，頂多儘量依照聖經指示的方向，向前行駛，所以，我們仍然是靠自己的力量去走信仰的路途，難怪我們像第一幅圖解所指出的那樣：「人生的各項活動在自我管理之下，時常產生各種混亂和不安」。聖經早已明言，我們不能掌控人生。例如，雅各書四章 14 節說：「其實明天如何，你們還不知道。你們的生命是甚麼呢？你們原是一片雲霧，出現少時就不見了。」其實，提出這「四個屬靈定律」的白立德（Bill Bright），非常明白我們靠自己是不能掌控自己的人生的，他寫了一本小書，名為《你滿足嗎？——與神同行的秘訣》（*The Spirited-Filled Life*），教導信徒必須被聖靈充滿，才能讓基督的復活大能在他們的生命中顯彰出來，才能在基督的管理下生活。我覺得這本小書，便是教導我們如何把人生的主權交給主耶穌的「心法」，沒有這套「心法」，我們無論如何都是活不出聖經應許信徒的那種豐盛人生的。換言之，我們要將人生的主權交給主耶穌，就等於要邀請聖靈進入我們內心，讓聖靈充滿我們！

樟平：

嗯，耶穌說聖靈是我們的「保惠師」或「訓慰師」（約十四 15），現代的英文譯本多譯作 counselor，即我們現在所說的「輔導員」。這位輔導員又是「真理的靈」（約十四 17），祂要「將一切的事指教你們」（約十四 26），難怪祂能夠有能力引導我們將人生交給主耶穌去管理。我忽然想起以弗所書五章 18 節：「不要醉酒，酒能使人放蕩；乃要被聖靈充滿。」保羅在此豈不是勸我們不要因醉酒失控而放蕩，反要被聖靈充滿，被聖靈掌管嗎？有趣的是，當門徒在五旬節被聖靈充滿，他們的表現令眾人驚訝，有人譏誚說：「他們無非是新酒灌醉了。」（徒二 13）所以，醉酒與被聖靈充滿似乎有一個近似的特徵，就是人不再掌控著自己。這與你所說的十分接近呢！

妙珍：

你說得對。我們現代人若遇到較大的難題，都會去諮詢輔導員，希望他能客觀地替我們剖析問題和提出意見，甚至引介一些能夠幫助我們解決困難的有用資源。聖靈在某方面亦在扮演這種輔導員的角色，所不同者，是祂擁有全備的真理和極大的能力，不單為我們解決問題，還有能力改變我們，使我們成為一個新造的人，一個被基督管理的人。問題是我們願意聽從這個輔導員的意見，抑或只希望他支持我們原有的想法，否則便覺得這個輔導員不能幫到自己，因而要向另一位輔導員尋求幫助？剛才你說過，我們以為自己能夠掌控人生，但只要細心一想，便發覺事實並非如此。我們天生的樣貌、性格、才能、家庭背景、童年經歷、求學機會……這些對我們人生具決定性影響力的因素，我們完全不能控制，那的確是“out of control”。只是年紀漸長，擁有一定的能力，亦知道自己要承擔起身為人的責任，才會覺得並逐漸認為自己有能力和有必要去掌控人生，亦開始害怕自己不去好好控制的話，一切就會陷入混亂和危險。這好像有點無奈……

樟平：

我們的確有責任去管理自己的人生，但問題是我們並非全知、全善和全能，我們會判斷錯誤和做錯，亦會立志為善但卻做不來。於是，我們發現人生的每條路都好像導引我們走進死胡同：第一條路，是由自我去掌控，但現實中我們知道自己掌控不好，也掌控不來；第二條路，是由別人掌控，但別人同樣不是全知、全善和全能的，而且也沒有完全的愛，所以就更加危險，我們會隨時受人操控，成為被別人利用的工具。第三條路，就是不去掌控，但我們知道這就等於被私慾和魔鬼掌控，最終只會任意而行，隨波逐流和自取滅亡。因此，若不是神為我們提供了第四條路，我們就只能活在這些人生的困境之中，苦無出路。那麼，我們惟有像白立德博士所說的，讓聖靈住在我們心中，好教導我們明白真理並靠著祂的能力，將人生的主權交給主耶穌基督，主耶穌便會管理我們的人生並使之配合神的心意。因為耶穌在世的時候，祂自己也是「不求自己的意思，只求那差我來者的意思。」（約五 30，六 38）

妙珍：

所以，白立德博士以物理定律來比喻屬靈定律是很有意思的。這位創造宇宙萬物，擁有全知、全善和全能屬性的三位一體真神，既然可以用物理定律，把這個浩瀚無邊、複雜無比的宇宙世界管理得千變萬化卻井然有序，就當然能夠把我們的人生管理得充滿姿采而巧妙相配。宇宙世界既然可以配合神的旨意而運作，我們的人生當然也可以了！因此，我們要真正負起身為人的責任，就要選擇走這第四條路：認識造我們的神，並且把我們的人生主權交給祂的兒子去管理，因為歌羅西書一章 18 至 20 節說：「他〔基督〕是教會全體之首。他是元始，是從死裏首先復生的，使他可以在凡事上居首位。因為父喜歡叫一切的豐盛在他裏面居住。既然藉著他在十字架上所流的血成就了和平，便藉著他叫萬有——無論是地上的、天上的——都與〔神〕自己和好了。」這個道理並非我們不知道的，尤其是我們上教會三十多年了；傳福音的時候，也是這樣向人講解救恩的。問題是我們為何在很大程度上仍然是由自我去掌控人生？白立德博士在他的小書中指出，許多基督徒為何沒有過被聖靈充滿的生活，有兩大原因：第一，是因為不認識真理；第二，是因為沒有信心。我覺這是很有道理的。造成第一個原因，當然有很多因素，不過，我覺得其中一個因素，是魔鬼向信徒散播了許多謊話和謠言，令我們對神有許多莫名奇妙的畏懼和不信任！你有同感嗎？

樟平：

當你説這句話的時候，我便想起魔鬼最初向人類始祖亞當、夏娃挑撥離間時的情景，並令人開始懷疑神是否對人真的那樣好，以及神所説的是否真話（參創三 1～5）。今天，我們不敢將生命的主權交給基督，因為怕祂會不顧我們感受，熬煉我們，奪去我們所有，打發我們到不蕪之地的邊疆傳道……這種畏懼的心理，一方面顯示我們仍然很自我，很怕神的旨意對我們不利，另一方面亦顯出我們對神的不信任。白立德博士指出的第二個原因，是我們缺乏信心，這是非常容易理解的。正如我們在開頭説過，我們好像天生已有一個「自動防衛機制」防止我們失控，所以我們一日握住人生的駕駛盤，都始終有一種虛假的安全感。要放下駕駛盤，讓另一位司機駕駛，就一定要對他有信心，相信他有能力把我們載到正確的目的地，不會車毀人亡。所以，我們將人生的主權放手交給主耶穌基督，便意味著我們要經歷一個信心的旅程。祂未必會按照我們心目中的路線來駕駛，祂可能會繞到另一些地方，但我們必須每時每刻都對祂有信心，才會願意繼續讓祂駕駛。但是，聖經所描繪的，卻是一幅完全不同的圖畫。我們教兒童主日學的時候，都一定會教導小朋友唱《我是主的羊》這首詩歌。主耶穌帶領軟弱、無知、無力掌控人生的小羊走到青草地，安歇在溪水旁，經過死蔭幽谷，讓羊得到飽足和心快暢，這幅圖畫，才是聖經給信徒的真實寫照。主耶穌明言：「我來了，是要叫羊得生命，並且得的更豐盛。我是好牧人；好牧人為羊捨命。」（約十 10～11）我們被這樣一位願意為羊捨命的牧人管理，若然還要擔憂、驚惶的話，那真是無話可說了。

妙珍：

在這方面，舊約的亞伯拉罕和約瑟給我們立下美好的榜樣，而雅各的一生卻與我們有很多相似之處。雅各這名字的意思，正是「抓住」（創二十五 26）。我們看見他費盡心機地掌控自己的人生和前途，希望為自己謀求最大的利益和安全感。但諷刺的是，他的所得卻反成了他的所失：他得到的長子名分和祝福，使他要丟棄長子可得的一切，並過著流落他鄉，寄人籬下的生活；騙人者反被人所騙，又被岳丈和兩位妻子長期「操控」……我想，當他在雅博渡口一個人靜下來回想往事，一定會覺得自己很可笑和愚昧。他一直努力去掌控人生，卻一直掌控不來。來到這刻，他知道惟一的出路，就是求神的祝福。因此，他這次死命抓住神不放，一定要祂給他祝福。我們有時忽略了神給雅各的「祝福」是很特別的，不是給他健康、長壽、平安、財富，而是將他的名字由雅各改為以色列。我對此沒有詳細考究，不過，一個人改了另一個名字，多少意味著他變成了另一個人。而雅各這次與神較力之後，終生跛了腿，想必也意味著他由原本努力靠自己去掌控人生的雅各，變成了一個不能再靠自己、只能仰賴神祝福的以色列。

樟平：

當我們回顧過往，多少也會像雅各那樣發出同樣的唏噓：我們以為由自己掌控人生是最安全和最好的，殊不知後來才發現自己掌控不好也掌控不來。我想，雅各也一定像我們那樣發出過同樣的呼喊：「神啊，我不懂得管理自己的人生了，求你來管理吧！」我們若能在這個人生的困境中抓緊神，神就會為我們開展新的生命！

妙珍：

這個新生命早在我們決志跟從耶穌的時候便應該開展，因為耶穌說：「若有人要跟從我，就當捨己，背起他的十字架來跟從我。因為，凡要救自己生命的，必喪掉生命；凡為我喪掉生命的，必得著生命。人若賺得全世界，賠上自己的生命，有甚麼益處呢？人還能拿甚麼換生命呢？」（太十六 24～26）我們如果依舊不放下自己，要救自己，我們就只能依舊在私慾掌控、別人操控和世界狂流這三股拉力之中團團轉，至終迷失了自己。

8

捨棄  得著

▲ 孜孜不倦的漁夫

樟平：

當耶穌呼召彼得「來跟從我」，他就立刻捨了網跟從祂（太四 19～20）。彼得這個行動，是否就是「捨己」跟從耶穌的意思呢？

妙珍：

彼得所作的，確實是一種捨棄，卻可能與耶穌所講的「捨己」並不相同。讓我們先看看馬太福音記載的這段經文：「耶穌問門徒說：『人說我人子是誰？』……西門彼得回答說：『你是基督，是永生神的兒子。』耶穌對他說：『西門．巴．約拿，你是有福的！因為這不是屬血氣的指示你的，乃是我在天上的父指示的。』……從此，耶穌才指示門徒，他必須上耶路撒冷去，受長老、祭司長、文士許多的苦，並且被殺，第三日復活。彼得就拉著他，勸他說：『主啊，萬不可如此！這事必不臨到你身上。』耶穌轉過來，對彼得說：『撒但，退我後邊去吧！你是絆我腳的；因為你不體貼神的意思，只體貼人的意思。』於是對門徒說：『若有人要跟從我，就當捨己，背起他的十字架來跟從我。』」（太十六 21～24）

我們從這段經文看到，彼得知道他所跟從的耶穌，就是舊約應許要帶領以色列人開展神國度的拯救者；但是，彼得卻不接受耶穌竟然要透過受苦和被殺的方式來成就拯救者的角色。

樟平：

換言之，彼得最初跟從耶穌的時候，是萬萬想不到他跟從的耶穌是要受苦和被殺的，也不明白甚麼是第三日復活；而且，從他拉著耶穌，勸祂萬不可如此，便顯示他絕不希望自己捨下一切所跟從的耶穌，會落得如此下場。那麼，彼得最初是抱著甚麼期望去跟從耶穌的呢？以至他聽見耶穌説要受苦和被殺，便大吃一驚，完全接受不來？

妙珍：

耶穌出來傳道不久，便在會堂裏作教導，且得到眾人稱讚，祂的治病能力亦使祂聲名遠播（路四 22、37），所以當祂呼召彼得的時候，彼得起碼會覺得自己是跟從一個很了不起的人，所以，他期望耶穌會帶領他和眾門徒有一番作為，也絕不稀奇，而事實上，這也是無可厚非的。不過，耶穌向門徒講完上面那番話之後，門徒顯然並不明白耶穌的意思。所以，彼得看見少年財主不肯變賣所有來跟從耶穌，便對耶穌說：「看哪，我們已經撇下所有的跟從你，將來我們要得甚麼呢？」（太十九 27）

樟平：

彼得這句説話，顯示他捨棄一切跟從耶穌之後，便希望從耶穌那裏得到某些回報。換言之，他的捨棄只是捨棄外物，而並非耶穌所講的「捨己」。他的捨棄，是期望得到回報的。

妙珍：

其實，耶穌所講的「捨己」，確實不是彼得所講的「撇下一切」。因為按照原文的意思直譯，耶穌所講的「捨己」是「不認自己」，所以《新國際譯本》（NIV）

對馬太福音十六章 24 節的翻譯是："If anyone would come after me, he must ***deny himself*** and take up his cross and follow me."「不認」這個字，跟彼得後來「不認」主，竟然是同一個字，你說這是否很大的諷刺？

樟平：

這當然是很大的諷刺了。彼得做到撇下一切來跟從主，但他卻不單做不到捨棄自我或不認自己，反而變成了不認主！不過，「不認自己」又是甚麼意思呢？

妙珍：

彼得之所以不認主，主要是因為他怕受連累，怕危及自己的安全，所以他要與耶穌「劃清界線」，表明祂歸祂，我歸我，我和祂是毫不相干的。從這個角度來看，「不認」的意思，就是要劃清界線，表明對方與我無干。

如果從這個角度去理解「捨己」，就等於我要與自己劃清界線。以此回應馬太福音那段經文，那麼意思就是我現在要跟從基督，要與邵樟平這個會危害我跟從基督的自我劃清界線，不准這個會阻擋我跟隨基督的自我繼續干擾我的生命。這時，好像有兩個我：一個是願意跟從基督，讓基督作主的我；另一個是妨礙我跟從基督和阻擋基督作主的我，或許這就是保羅經常講的舊我和新我。不過，這個「新我」嚴格來說不是「我」，因為這個「我」惟有住在基督裏和被聖靈充滿時才會出現；而出現的時候，別人會看見這個「我」就好像基督一樣。不然，這個我就會隱藏起來，別人在我身上，只看見那個自我的邵樟平。

樟平：

聽完你的解釋，再反思門徒的生命和我們的生命，我發覺我們一般理解的「捨己」，可能包含了兩個層次，第一個層次是捨棄我們擁有的東西，第二個層次是捨棄或否定自我。第一個層次，除了捨棄我們所擁有的物質、財產之外，還包括捨棄我們擁有的嗜好、習慣、工作、朋友圈子；等等。門徒做到了這一層次的捨棄，放下了他們的家庭、工作、日常作息的習慣和朋友圈子；可是，他們卻沒有捨棄自我——即第二個層次的捨己。所以他們才會爭論誰人為大，雅各和約翰才會請求耶穌讓他們坐在祂的左、右，猶大才會出賣主。你同意嗎？

妙珍：

我也是這樣想。當我們決志當基督徒之後，或多或少，都知道和做到——那怕是一點點——第一個層次的捨棄，例如，作什一奉獻，把不良的習慣丟棄，為了參與主日敬拜而放棄假日的活動，甚至放下自己的脾性去與其他信徒合作。當我獻身作傳道人的時候，會覺得自己「捨棄」得更多，例如，捨棄了在社會工作的機會（甚至前途），或者捨棄了過富裕生活的機會。這種捨棄是真心的和實在的。所以，若有人說我沒有真的或完全的捨棄自己，我一定會覺得不服氣！有時，甚至立志叫自己謙卑下來也不行，因為我們有罪性，當我們靠自己去盡量謙卑下來，我們心底深處，就可能會因反照別人不夠謙卑而自誇自己的謙卑；當我一自誇，我的自我便又再出現了。至於不求回報，我懷疑我們能否做得到。但感謝神！我想聖靈可以改變一切。

此外，保羅的生命卻給我另一個啟示。保羅在腓立比書三章 7 至 8 節說：「只是我先前以為與我有益的，我現在因基督都當作有損的。不但如此，我也將萬事當作有損的，因我以認識我主基督耶穌為至寶。我為他已經丟棄萬事，看作糞土，為要得著基督。」保羅確實做到丟棄萬事，但是在他的心目中，他所丟棄的是毫無價值的糞土；因此，他不覺得自己有任何損失，反之不丟棄這些才是有損的呢！因為這些東西會妨礙他得著基督耶穌這至寶。

樟平：

當你覺得不服氣，這便正正顯示你沒有捨棄自我。當你的捨棄得不到別人的肯定和欣賞，你便會有被虧負和受委屈的感覺。你的自我在你的心中仍然佔著很重要的位置。所以做到第一個層次的捨棄，還比較容易；第二個層次的捨棄自我，卻很困難。有時，甚至作第一層次的捨棄，我們也抱有其他目的。那麼，真正捨棄自我的訣竅是甚麼呢？如果連提醒自己謙卑下來，放下自己和不求回報也有那麼多陷阱，也許正如你所言，惟有聖靈可以幫助我們了。就如彼得和門徒在使徒行傳的記述中，便顯然完全放下了自己。昔日彼得害怕自己受連累，危及自身的安全，所以才三次不認主，與主劃清界線；但是，他在五旬節之後，便不再記掛自己的安危，也不怕被官府捉拿和受牢獄之苦，仍然放膽傳講耶穌基督復活的事迹，這便顯然是到了捨棄自我的境界。這一定是聖靈降臨所帶來的改變。

而你提到保羅給你的啟迪，我就想起耶穌講過的天國的比喻：「天國好像寶貝藏在地裏，人遇見了就把它藏起來，歡歡喜喜地去變賣一切所有的，買這塊地。天國又好像買賣人尋找好珠子，遇見一顆重價的珠子，就去變賣他一切所有的，買了這顆珠子。」（太十三 44～45）所以，對這兩個變賣一切的人來說，他們完全不覺得自己有任何損失，反而換來最寶貴的珍寶。這大概就是保羅的心情吧！

當我們為基督捨棄某些東西，我們心中多少覺得自己有所「犧牲」，期望得到某種回報和肯定。但保羅卻完全相反，他覺得自己得到了完全不配得的無上至寶，而自己丟棄的卻只是垃圾和糞土，所以他是得到益處而沒有虧損的。我們把自己看成是捨棄了許多的「犧牲者」，保羅卻把自己看作是完全不配得著這至寶的「受恩者」！

妙珍：

我想正是。保羅為要得著至寶，樂於把過往的都丟棄——因他視之為虧損！但彼得最初撇下所有，對他來說卻是某程度的犧牲，他作出這種重大的捨棄，便期望得到某些回報。這兩種心態有著極大分別。不過，我相信當主耶穌復活之後，在加利利海邊三次問彼得是否愛祂，而彼得的回答都是「主啊，是的，你知道我愛你」（約二十一15～17），彼得的心已經轉變了。他知道不是自己為主捨棄了甚麼，而是主愛他們和為他們捨棄一切，他沒有資格再要求回報，他現在只想愛這位主。

相反，保羅確實看自己是個受恩者。他在羅馬書頭幾章描述人類在罪中的沉淪和絕境——而他自己也曾「親歷其苦」——但是，因著神對人的愛，這個困局終於藉著基督為人受死而得以解開，他在五章 5 至 8 節便說：「因為所賜給我們的聖靈將神的愛澆灌在我們心裏。因我們還軟弱的時候，基督就按所定的日期為罪人死。為義人死，是少有的；為仁人死，或者有敢作的。惟有基督在我們還作罪人的時候為我們死，神的愛就在此向我們顯明了。」是神藉著基督為他受死而解救了他，也解救了全人類。這是他和全人類都完全不配得的愛，他為到這愛而深受感動和激勵。

樟平：

在保羅的心目中，基督釘十字架確實是他認為最重要的事。因為他在哥林多前書二章 2 節說：「因為我曾定了主意，在你們中間不知道別的，只知道耶穌基督並他釘十字架。」而保羅在羅馬書七章呼喊「我真是苦啊！誰能救我脫離這取死的身體呢？」之後，便發現體貼聖靈乃是生命、平安（八 6），聖靈再導引他深深經歷到基督對他的愛使他與神不再隔絕。而基督對他的愛的極至和毫無保留的表現，就是為他在十字架上犧牲，成就了和平，使他與神和好（西一 20）。這件事令保羅如此感動，如果不能令到你和我都同樣感動，我們就真是麻木、沒有感情的了。

妙珍：

當然，保羅寫到羅馬書八章的末了，即全書的巔峰——也是在聖靈裏生活的巔峰——對這種愛講述得最淋漓盡致：「誰能使我們與基督的愛隔絕呢？難道是患難嗎？是困苦嗎？是逼迫嗎？是飢餓嗎？是赤身露體嗎？是危險嗎？是刀劍嗎？……然而，靠著愛我們的主，在這一切的事上已經得勝有餘了。因為我深信無論是死，是生，是天使，是掌權的，是有能的，是現在的事，是將來的事，是高處的，是低處的，是別的受造之物，都不能叫我們與神的愛隔絕；這愛是在我們的主基督耶穌裏的。」

我相信，除非我們深切體會到罪把我們扭曲得不像一個人，把我們折磨至生不如死，竭盡所能也無法擺脫罪對我們的轄制，而且與神隔絕是一件天大的禍患和不幸……惟有如此，我們才能深切體認到基督捨己救贖大功，是我們不配得的大愛，是我們無論作甚麼也不能報答的厚恩！

樟平：

你說得對，以我自己為例，我在十幾歲時信主，無論在當時和往後的日子，我都不覺得自己有甚麼「大罪」，只不過有時說個小小的謊話，偶爾發發脾氣，神既是寬宏大量，又怎會斤斤計較這些無傷大雅的小罪呢！而且，雖然我並非接受「將功抵過」這種觀念，但心中始終覺得自己既積極參與事奉，做事又盡責，對人亦相當不錯，算得上是個好基督徒；雖不敢說配得上得到救恩，可是對自己的罪，真的體會得不夠透徹，因此便相對地輕忽了基督捨己救贖所隱含著的大愛。故此，也完全沒有保羅那種深感不配卻偏偏得到如此厚愛的那份激動。

妙珍：

我也是在這幾年間，在聖靈的光照下，才深刻體認到自己的罪。奧古斯丁（Augustine）、愛德華滋和魯益師（C. S. Lewis）都說得對，人的罪在於人性的驕傲自負，這正是亞當、夏娃被蛇引誘，一心「想如同神」一樣的那種罪的本質。我當然不會大膽到想如同神，但是，從我那種經常想操控工作的成果，期望人生的際遇要按照我的計劃去實現，想別人依從我多過我想依從別人等現象，便可以清楚看到我仍然執著自我，對神亦沒有足夠的信靠順服。這種驕傲自負是無孔不入的，我感覺它就像我的皮一樣緊緊依附著我，我無法把它脫去。所以我這個取死的身體，若不是得到基督的救贖，恐怕一生都要活在與神為敵的罪中，繼續傷害自己和別人。

樟平：

我同樣是近幾年在聖靈的引領下，才較為深刻體認到自己那種根深柢固的罪性。而且，愛德華滋亦給我極大啟迪，我現在才稍稍明白他為何在信主二十多年之後，寫道：「我常常看見自己的罪和卑劣，使我深感悲傷到放聲大哭……以致我經常寧願把自己關起來。我比信主之前，更強烈感覺到內心的邪惡和壞透……想到自己還是一個年青基督徒的時候，竟然對內心留著深不可測的敗壞、驕傲、虛偽和欺詐全然無知，就感到極之悲傷。」

我現在也有同感。我發現我的自我，竟然是那麼強大和頑固；但最令我難以置信的，是我竟然完全不覺得自己自我，反而一直覺得自己不太自我！因此，魯益師在《返璞歸真》（*Mere Christianity*）論及「最大的罪」的那一章中，下結論說：「你若認為自己並不驕傲自大，你其實已經十分驕傲自大了。」（頁 101）真的完全道盡了我的光景。

所以，保羅在加拉太二章 20 節才會說：「現在活著的不再是我，乃是基督在我裏面活著；並且我如今在肉身活著，是因信神的兒子而活；他是愛我，為我捨己。」他已經靠著基督，從自我的牢籠中釋放出來了！

妙珍：

當我們愈發體認自己的罪性是那麼無藥可救，並且這罪性給我們自己和別人製造那麼多的痛苦，我們才會體認到基督的救贖是何等寶貴，才會感受到能夠棄除自我是多麼大的釋放和快樂！我真的很希望能夠與這個自我劃清界線，或是真的將其治死——但我知道，這靠我自己是辦不到的，惟有靠聖靈的大能和基督復活的能力，才能夠將其治死！

你說得對！不是我們可以為基督捨己，而是基督為我們捨己。保羅在加拉太書二章 20 節所用的「捨己」，與耶穌說凡跟從祂的人要「捨己」，在原文中是兩個不同的字，在加拉太書二章 20 節所用的「捨己」一語，意思是「將祂自己給了我」，《新國際譯本》譯本譯作“gave himself to me”。很有趣吧！

樟平：

耶穌基督本有神的形象，但祂卻不以自己與神同等，甘願降卑為人，還取了奴僕的形象，再為了背負我們的罪而成為罪犯，最後以羅馬人處決最嚴重死囚的刑罰被釘死在十字架上，這就是完全的捨己，惟有神才可以給人這種無條件和無保留的愛。

不過最重要的，是我們要先體認到耶穌基督真是我們人生的至寶，有了祂，就有了一切。同時認清一切羈絆我們得著這至寶的東西，都應視之如垃圾和糞土，恨不得把它們完全丟棄，惟有如此，我們才會輕鬆、自由、快樂地跟從主。

妙珍：

你剛才引用腓立比書二章 5 至 11 節，真的透徹說明了甚麼是「捨己」——耶穌基督完全放下了作為神和人的尊嚴，甘願用自己的主權，放下了自身的主權；甘願用自己的自由，放下了自身的自由。尊嚴、主權和自由，豈不是我們作為人的最基本「人權」而最不應該放下的嗎？我們即使捨棄其他一切，卻仍然會竭力捍衛這些基本「人權」！但是，耶穌基督卻為著愛我們，把這一切全都放下了。如果我們說我們能夠這樣「捨己」的話，便只是再次抬舉自己罷了。但是，如果有人像保羅那樣，「現在活著的不再是我，乃是基督在我裏面活著」，這個人就能像保羅所活現的一樣，能夠為福音的緣故放下自己的尊嚴、主權和自由；因為那個放下的人，不是他本人，而是基督自己。

9

強者弱者

▲ 東涌的休憩地方

樟平

妙珍

妙珍：

我反覆檢視自己的屬靈生命在哪裏出現了偏差，以致變得那麼枯竭貧乏，對神和人都缺乏了愛……而我發現的問題，不少在前面已經談論過了。不過，還有一個重要偏差，是令我愈來愈遠離神和造成許多人際問題的。你知道那是甚麼嗎？

樟平：

是你變得愈來愈驕傲嗎？

妙珍：

你說得對。不過，我的驕傲除了歸咎於我的罪性之外，還有一個主要因素，促使我不單在信主之後沒有變得謙卑，反而變得愈驕傲：這個因素要歸咎於我對真理認識不足，而慢慢滋長了驕傲的心態。

最近我重新研究羅馬書十二章 1 節，對這段經文有全新的認識：「所以弟兄們，我以神的慈悲勸你們，將身體獻上，當作活祭，是聖潔的，是神所喜悅的；你們如此事奉乃是理所當然的。」過往我解釋這段經文，主要指我們要回應上文提到的主的大愛而將自己獻給主（參照舊約獻祭牲的觀念，我們要將自己無瑕疵的、最好的獻給主），而這樣將自己獻上當作活祭便是理所當然的。所以，當我鼓勵信徒作出回應時，凡是覺得自己有瑕疵，不夠好的信徒，都不敢獻上自己，要自己再做好一些才敢把自己獻上。

樟平：

我們一般都是這樣理解這段經文：意即那些願意回應並獻上自己的信徒，不一定覺得自己沒有瑕疵和很好，他們只是抱著回應主的大愛的一顆心，覺得這是理所當然的，因而立志獻上自己。不過，當我們表示獻上自己的時候。或多或少都想著把自己「最好」的部分獻上，例如，有口才的就獻上口才，有才幹的就獻上才幹……這樣解釋有問題嗎？

妙珍：

你知道嗎？但我逐漸發覺，這種將自己「最好」的部分獻上的想法，當然可以是一個崇高的目標，但我們要留心，這同時會引起另一個問題。不過，這裏我先解釋一下這段經文的意思。當我仔細思想保羅為何要用神的「慈悲」來勸我們，以及「將身體獻上」的含義的時候，我做了一些字義研究，並有一些新的發現。「身體」一詞在羅馬書十二章 1 節之前，總共出現了十次，其中九次都是指到軟弱、必死的身體（參一 24，四 19，六 6、12，七 24，八 10、11、13、23），所以，他在十二章 1 節再用「身體」一詞，讀者便不可能想像這個身體是指無瑕疵和完好的身體，意即保羅勸我們把這個「好」的身體獻上。而且，當我繼續查考「慈悲」一詞，便進一步印證了這個看法。「慈悲」一詞在新約出現五次，但是對解釋這段經文的意義沒有明顯的幫助。但是當我查考舊約經文，卻發現每當人軟弱犯罪，就會哀求神發慈悲去憐憫他。我們熟悉的詩篇五十一篇便是其中一個明顯的例子。這是大衛的認罪詩，他一開始便哀求神說：「神啊，求你按你的慈愛憐恤我！按你豐盛的慈悲塗抹我的過犯！」（1 節，其他的例子還有：撒上二十四 14；代上二十一 13；尼九 9、27、28、31）而且，原文沒有「當作」這個字，所以可直譯為「是一個活的、聖潔的、神所喜悅的祭」。換言之，不是我們本身聖潔，而是神會接納這祭並以之為聖潔的、可喜悅的。最後那句，可譯為「這就是你們明智（reasonable）的事奉」。

樟平：

換言之，他是勸我們將這個軟弱、必死的身體獻上？保羅在這裏勸我們將軟弱、必死的身體獻上，神會按祂的慈悲、憐憫來接納我們？

讓我把你對這節經文的解釋簡單說一遍：「所以弟兄（姊妹）們，我以神的慈悲憐憫來鼓勵安慰你們，你們放心將軟弱、必死的身體交出來吧！它們便會成為一個活的、聖潔的、神所喜悅的祭，這就是你們明智的事奉。」

妙珍：

謝謝你！當你這樣一口氣唸出這段經文的時候，你發現這與從前的解釋有何不同呢？我不敢說我的解釋一定對，但我卻察覺這種觀念上微妙的差異，是導引我的信仰出現偏差的其中一個原因（這些偏差，當然也是因為我的軟弱而構成的）。當我立志獻出自己作活祭的時候，多少覺得自己對信仰的委身比沒有回應的信徒多，自己的信心比沒有回應的信徒大，甚至品格和才幹都比沒有回應的信徒好。這種將自己反照其他信徒的心態，只會令我不經意間將自己變成強者。

樟平：

嗯，我們所有人都同樣是軟弱的和必死的，惟有哀求神的慈悲憐憫來接納我們。沒有一個人比另一個人優勝，沒有人可以認為自己有任何「好」的部分可以獻給神，也沒有人可以因為自己不夠好而不敢獻上自己；因此，所有哀求神憐憫的信徒，都必然會作出這個明智的回應，交出自己，讓這個必死的身體成為一個活的、聖潔的、神所喜悅的祭。這是你對這節經文的一個全新領受。

不過，我也發現，當我在教會開始參與事奉，學習事奉的技巧，發揮自己「最好」的長處去幫助和建立別人，就很容易會滋長這種比別人強的心態。

妙珍：

這種強者的心態便造成兩個問題：第一個問題，當然是容易變得驕傲；第二個問題，則是抗拒或害怕把自己做不到或軟弱的部分顯露出來，於是便設法把它們隱藏起來，逐漸便形成自欺和虛假。

魔鬼正是因為驕傲而墮落，他當然會設法令我們跟他走同樣的路。所以，我這種強者的心態，對我的屬靈生命禍害很大。我愈是努力做一個「好人」，又誤信自己真的變成了一個「好人」，驕傲在我身上的咒詛便愈大呢！

樟平：

那麼，即使我們努力對付自己的缺點，也會出現另一個問題。因為我們愈是覺得自己變得更好，就愈會助長這種比人強的心態，免不了會反照其他信徒，覺得他們對信仰不夠認真，不夠熱心追求，甚至在心底裏發出類似福音書中那個法利賽人的禱告：「神啊，我感謝你，因為我不像別人……」（路十八 11）所以，魯益師在《返璞歸真》一書中說得很對，魔鬼不介意我們克服懦弱、貪慾和壞脾氣，也很高興我們做到貞潔、勇敢和自制，只要我們換來驕傲。這就好比他不介意你醫好小病，只要你因而患上癌症（頁 99）。

反觀主耶穌則是個真真正正的「好」人——一個沒有犯罪，又完全不自我的人——卻自始至終都是以「弱者」的姿態出現。祂的一生，完全體現了以賽亞書五十三章所勾勒的那個受苦僕人的形象：「他無佳形美容；我們看見他的時候，也無美貌使我們羨慕他。他被藐視，被人厭棄；多受痛苦，常經憂患。他被藐視，好像被人掩面不看的一樣；我們也不尊重他。他誠然擔當我們的憂患，背負我們的痛苦；我們卻以為他受責罰，被神擊打苦待了。哪知他為我們的過犯受害，為我們的罪孽壓傷……他被欺壓，在受苦的時候卻不開口；他像羊羔被牽到宰殺之地，又像羊在剪毛的人手下無聲，他也是這樣不開口。因受欺壓和審判，他被奪去，至於他同世的人，誰知他受鞭打、從活人之地被剪除，是因我百姓的罪呢？」（2～8 節）

妙珍：

當你唸出這段經文的時候，我感到很慚愧，因為我的「強者」形象完全與主耶穌的「弱者」形象不符。主耶穌親身經歷人類最軟弱無助的一面，所以祂能體恤我們的軟弱。因此，祂在世的時候，對那些被罪捆制而無力自救的人充滿憐憫，甘願以愛和接納來挽回他們；反之，對那些自以為義的人卻嚴詞斥責。反觀我昔日抱著「強者」的心態，很容易對「軟弱」的人感到不耐煩，無憐憫；但到了今天，當我深深體認到自己的罪性和軟弱，反而對別人的軟弱加增了同情之心——我們都是無力自救的罪人，都同樣需要神的赦罪和憐憫，都需要基督的救贖和聖靈的更新。

過往我們被自我和自大所蒙蔽，經常用自以為是的「假象」去反照別人，所以總是看見一幅扭曲了的圖畫。如今，在聖靈的光照下，我們看清楚自己的本相，但這副醜陋的本相卻得到基督毫無保留的接納和神無條件的赦免，所以我們才敢透過神的恩典去正視自己和正視別人的本相。由此，我們便看見一幅完全不同的圖畫，好像比較清楚看見別人和事物的「真象」。

樟平：

是的，過往當我覺得自己比別人好的時候，總是看見別人的缺點，就正如耶穌所言：「為甚麼看見你弟兄眼中有刺，卻不想自己眼中有梁木呢？」（太七 3）現在，我比較清楚看見自己的缺點，反而容易看見別人身上有著自己所沒有的優點呢！

其實，耶穌在路加福音論福與禍的時候，似乎也在指出，被世人視之為「弱者」的貧窮人、飢餓者、哀哭的人，以及為祂被人恨惡、拒絕、辱罵，甚至被人除名和以其為惡的人，才是有福的。反之，被世人視之為「強者」的富足人、飽足人、喜笑的人，以及當人都說你好的時候，卻有禍了！（六 20～26）

妙珍：

我想，耶穌並非歧視有錢人和優待貧窮人，祂要指出的，是我們一般會因著有錢或貧窮，分別出現「強者」或「弱者」心態。如果有錢人不因倚仗錢財而覺得自己是「強者」，反倒在神面前抱著只能倚靠神恩典的「弱者」心態，就一定得到神的祝福。

我想，因為主耶穌真的完完全全成為了一個人，一個不折不扣的人；既然是人，他就接受人的有限、不足和軟弱。但祂與我們不同，祂是俯就卑微，自甘成為一個軟弱的人，我們卻真真正正是有罪的和軟弱的。所以希伯來書四章 15 節才會有這樣的話：「因我們的大祭司並非不能體恤我們的軟弱。他也曾凡事受過試探，與我們一樣，只是他沒有犯罪。」過往，我因為驕傲，所以對自己的看法才會出現偏差，只看見自己的強處而不正視自己的軟弱，或者把自己的軟弱隱藏起來——不過，我這種掩飾只是一種自欺，因為我相信別人其實清楚看見我的缺點和軟弱，只是他們包容我，沒有直接說出來罷了。

樟平：

換言之，不是客觀因素決定我們是強者或弱者，而是我們怎樣看自己，並因此而形成的心態屬哪一種。我們如果自視過高，便會有強者的心態；但我們如果在神面前看清楚自己的本相，就不會有強者的心態，反倒知道自己的軟弱。這兩種心態便影響我們怎樣待人處事。但是，很奇怪，耶穌擁有極大的能力，本身亦沒有缺點，為何祂會有弱者的表現？

其實，除了主耶穌的榜樣之外，我想到保羅也很清楚地說：「弟兄們哪，可見你們蒙召的，按著肉體有智慧的不多，有能力的不多，有尊貴的也不多。神卻揀選了世上愚拙的，叫有智慧的羞愧……神也揀選了世上卑賤的，被人厭惡的，以及那無有的，為要廢掉那有的，使一切有血氣的，在神面前一個也不能自誇。但你們得在基督耶穌裏是本乎神。神又使他〔基督〕成為我們的智慧、公義、聖潔、救贖。如經文所記：『誇口的，當指著主誇口。』」（林前一 26～31）

妙珍：

這段經文很奇怪，聖經明明說神愛世人和希望人人悔改得救，怎麼說「神也揀選了世上卑賤的，被人厭惡的，以及那無有的」？這明顯是那些回應神呼召的人對自己所抱持的心態，他們自覺是卑賤的、被人厭惡和無有的，所以他們便渴求神和需要神。正如耶穌說：「無病的人用不著醫生；有病的人才用得著。我來本不是召義人悔改，乃是召罪人悔改。」（路五 31）——當然，我們知道世上連一個義人也沒有，我們個個都是罪人，問題是我們是否覺得自己是罪人，這便是我們會否回應主耶穌呼召的關鍵。

但我們在神面前有這種弱者心態，卻不表示我們就會表現出懦弱和畏縮。我雖然軟弱，但神卻有無窮的大能，祂差派我做事，只要祂給予能力，我就必勝任有餘。我不能推說我軟弱無能，而不做神要我做的事；就正如摩西推說自己不是能言的，藉此拒絕神打發他去見法老的吩咐。但神卻對他說：「誰造人的口呢？誰使人口啞、耳聾、目明、眼瞎呢？豈不是我——耶和華嗎？現在去吧，我必賜你口才，指教你所當說的話。」（出四 11～12）

樟平：

換言之，當我們自覺是弱者，才會覺得自己需要神的幫助，反之自覺是強者，便傾向靠自己去解決問題。而且，自覺是弱者便不會自誇，自覺是強者便較容易自誇。

我想到保羅也聽見主對他説過類似的話：「我的恩典夠你用的，因為我的能力是在人的軟弱上顯得完全。」（林後十二 9 上）保羅深深體認到自己的軟弱，但同時卻又經歷到主的大能，所以，他坦言「我更喜歡誇自己的軟弱，好叫基督的能力覆庇我。我為基督的緣故，就以軟弱、凌辱、急難、逼迫、困苦為可喜樂的；因為我甚麼時候軟弱，甚麼時候就剛強了。」（林後十二 9 下～10）

妙珍：

我們從所有使徒身上，都看見這種由軟弱變為剛強的轉變。但他們不是靠自己，也不可能靠自己做到，他們完全是倚靠聖靈的能力和基督復活的大能，才會表現得一無所懼。反之，我覺得我靠自己的血氣之勇和逞強心態去回應主的呼召，許多時候都會表現得進退失據。不過，坦白說，我很怕承認自己是一個軟弱的人，很怕會被人取笑和看不起……所以，主對保羅說的這句話：「我的恩典夠你用的，因為我的能力是在人的軟弱上顯得完全……」，對我來說，真是一個十分寶貴的應許。

樟平：

的確，要承認自己的軟弱真的不容易，我們很難忍受那種尷尬與難堪。我只能說，這是罪加諸於我們身上的痛苦，我們是真的有罪和軟弱，才要面對這種因罪和軟弱而來的痛苦。但是，我們惟有正視自己是個軟弱的人，才會真正感受到我們是何等需要神白白的恩典和無條件的赦免與眷愛。

當你說「我的恩典夠你用的，因為我的能力是在人的軟弱上顯得完全」這句話的時候，我的耳邊突然響起「唯獨恩典」這個觀念，那是宗教改革運動時期，改教家用性命來闡明的觀念。想不到我們在信仰路上兜兜轉轉，來到此刻，才開始深切體認到這是如此真實！

10

講聽

妙珍：

我發現我的強者心態，還令我出現一個弊病，就是講得多，聽得少。你不是說過，自你認識我的時候，我便已經有這個「弊病」，經常偉論滔滔。你更說這也是我的長處，至少開始作傳道的時候，講道也算條理分明。你還曾經問我，是否自小就很喜歡說話？你記得嗎？其實，我是家中的老么，小時候，在家中沒有發言權。不過，我自中學三年級之後，便積極參與教會的聚會和事奉，而且很快便成為團契團長，甚至在崇拜中做主席（當時崇拜頂多只有二十幾人），可能因此便給訓練得「口齒伶俐」吧！

可惜我的強者心態，再配合這個「強項」，便使我成為一個講得多，聽得少的人。這個弊病令我少學了很多東西，卻製造了許多人際的障礙，甚至影響了我與神的關係……

◀ 與作者為伴並教曉作者人生道理的樹木

樟平：

按世界的一般運作原則，通常都是強的一方講，弱的一方聽。世界上的「強者」，主要是那些擁有權力、地位、聲望、學識或輩分較高的人，他們擁有較大的發言權，例如，上司講，下屬聽；主人講，僕人聽；老師講，學生聽；父母講，兒女聽。所以，當你自覺是強的一方，便的確會出現講得多而聽得少的情況。不過，近年你在這方面改善了不少，相信一定是聖靈改變了你。

妙珍：

正是如此。我出來作傳道的時候，自覺是信徒的「領袖」，所以便會傾向講得多而聽得少。如果我有「僕人」的心態，我想我會較多學習去聆聽。即使平時與人交往，因為我的性子較強，很少留心聽人說話，只是想著怎樣回應甚至反駁，所以很少聽到別人的心聲。即使與你相處，我們的溝通雖然還不錯，但我許多時候都覺得自己的思考力和分析力勝過你，所以每當發覺你說話含混，語意不清，便會嘗試不斷釐清你的意思，卻很少用心去聆聽你的心聲和感受。

我近年的改變，可能是始於禱告生活的改變。過往當我禱告的時候，只有我講，神聽；但現在我每天早上禱告，都首先會跪在神面前，唸完主禱文之後，便靜默於主前，抱著聆聽和讓神的臉光光照我的心態來面見神，十五分鐘之後才開始開聲禱告。我從沒想過要透過這種禱告模式來改變自己或改變甚麼，但是，神卻好像開始在我身上工作。或許，當我開始有學生的心態，便發覺老師一個接一個來。我開始體會到孔子說「三人行，必有我師焉」的真實。這種轉變是很奇怪的。

樟平：

你記得我曾說過「學生預備好，老師就會來」這句諺語嗎？當你開始謙卑在神的面前，神便開始將你由一個喜歡教人的「老師」，慢慢變成一個願意受教的「學生」。

聖經中記載了許多「聽」與「不聽」的例子。出埃及記所記載的法老，當然是不聽的表表者。任憑神降下許多嚴重災害，他都依然「心裏剛硬，不肯聽」（七 13、22，八 15、20、32，九 7、11、35，十 20、27）。至於在願意聽的人物當中，我最佩服大衛，因為他連示每的咒罵，都「聽」作是神的吩咐。他對將領說：「由他咒罵吧！因為這是耶和華吩咐他的。或者耶和華見我遭難，為我今日被這人咒罵，就施恩與我。」（撒下十六 11～12）大衛犯罪之後，當先知拿單責備他，他聽了就立即認罪悔改（撒下十二 13）。而且，大衛寫下長達一百七十六節的詩——詩篇一百一十九篇——來頌讚神的話語，就足以表明他多麼喜歡聽神的話。

此外，聖經經常用「心裏剛硬」和「硬著頸項」來形容人的頑梗不聽，這與「柔和謙卑」形成強烈對比。所以，一個謙卑的人，會較容易聆聽別人的話，而並不在意別人身分地位的高低。不過，身分地位高的人，通常會在有意無意間變得「自高」，較難謙卑聆聽，這也是事實。

妙珍：

其實，以色列人最重視的舊約經文「示瑪」（Shema），意思就是「你要聽！」經文由申命記六章 4 節開始：「以色列啊，你要聽！耶和華——我們神是獨一的主。你要盡心、盡性、盡力愛耶和華——你的神。我今日吩咐你的話，都要記在心上……」。整本舊約聖經，都記錄著神不斷向祂的百姓傳講祂的心意，要祂的百姓聆聽；可惜，無論神用律法書或先知，不斷向百姓傳講，百姓都不願聆聽。

其實，地位高，經常命令人的人，也可以是謙卑受教的。乃縵便是一個很好的例子。乃縵是亞蘭王的元帥，是大能的勇士，但他卻願意聽取一個以色列婢女的建議和一個僕人的勸告，並聽從以利沙派來的一個僕人的指示，到約旦河沐浴七次，他患的大痲瘋便真的得到醫治（王下五1～14）。我相信乃縵本身是個謙卑的人，否則他的僕婢也不敢在他面前多言。在他患病之後，他敢於暴露自己的軟弱（患上大痲瘋恐怕是件大大失威的事），也能接受身分卑微的人的勸告，這最終成為他得到醫治的關鍵。

樟平：

你覺得當傳道人，會否較容易染上一種「職業病」——因經常講解真理，很容易會把自己看作是真理的「代言人」？當你要信徒服膺於真理的時候，又會否變成要他們服膺於你的話？傳道人就是要把他的話與神的話分開，但在心底裏，這是否仍是「難分難解」的呢？

妙珍：

就我來說，的確有這個危險，而且可能已經發生。當我在講道中講解聖經的真理，當然期望信徒聽從真理。因此，我若要避免把自己看作是真理的「代言人」，就要把自己看作與信徒一樣，同樣是真理的學生。我也許在認識聖經真理方面，比信徒先學一步，或者多一點學習機會，但是在其他方面，則可能是神先教導他們，然後再透過他們來教導我。真理在我以外，遠超於我，沒有人能夠擁有真理，真理卻不斷感召人和吸引人離開昏昧去趨近真理之光。

我事奉了二十多年，犯了許許多多的過錯，其中許多過錯，是我直至最近才發現的。我現在比較清楚知道自己的角色是「傳」道人。我的角色是去「傳」。真道在我以外，我領受多少真道，便能夠傳出多少真道。真道本身能感召人，能吸引人，那力量不在於我，而聽的人接受這真道與否，也不在於我。我惟一可以評檢自己的，是自己是否忠心，我想，神亦是用這個標準來評檢我吧。

樟平：

如此說來，傳道人的角色和工作所要求的，豈不是聽比講重要？因為耶穌說：「因為我沒有憑著自己講，惟有那差我來的父已經給我命令，叫我說甚麼，講甚麼。我也知道他的命令就是永生。故此，我所講的話正是照著父對我所說的。」（約十二 49～50）不單耶穌要先聽，就是聖靈也要先聽，因為耶穌說：「只等真理的聖靈來了，他要引導你們明白一切的真理；因為他不是憑自己說的，乃是把他所聽見的都說出來，並要把將來的事告訴你們。」（約十六 13）所以，你必須學習聽神的話，然後才能講。

妙珍：

你說得對，如果我重視「聽」，我會有一顆受教的心，虛心地接受神在聖經中、禱告中和透過其他牧者的講道所給我的教誨，亦會比從前更留心聽別人的說話，因為神可能會透過其他人來教導我，祂甚至可以藉著一花一草來教導我——這是我在劍橋生活半年，以及住進東涌之後的深刻體會。原來一個懂得聽的人，他的心靈空間可以不住擴大，這跟我以前只顧講而忽略聽，有很大分別。

而且，我發覺「聽」，確實輕鬆過「講」。當我要聽，我只要放鬆自己便成；但如果我要講，就要不斷在心中盤算該講甚麼，以及確保自己不會講錯。因此，如果我在帶成長小組或查經小組的時候，焦點不在於自己講了甚麼，或者是否照著查經資料去完成查經這任務，反倒放鬆一點，去聆聽和享受組員間的交流，我整個人都會輕鬆很多；事奉完了，感到像飽餐一頓，而非心力耗盡！

樟平：

我們過往在這方面也是受了蒙蔽，以為要聽別人的話，就等於要把自己的生存空間收窄。但其實一個執著自我的人，他的生存空間才是最狹窄的，因為他的世界，只容得下他自己。

我現在也明白「聽」真的很重要。難怪神在啟示錄所記載的那些寫給七間教會的信中，都用了同一句話來結尾：「聖靈向眾教會所說的話，凡有耳的，就應當聽！」（二 7、11、17、28，三 6、13、22）但是，我還想問問你，當你開放自己去聆聽，會否感到因聽進別人太多的話而內心感到很混亂？

妙珍：

說來也奇怪，我原本以為要聽別人的意見是很煩的一件事，而照自己的意思去做就最簡單了。但事實一次又一次證明，我以為最簡單的方法，到頭來卻帶來最多麻煩。也許因為人不是機器，人會有各種感受、需要和反應，人生存的目的，也不是為了做完一件事再接著做另一件事。「過程」對所有人來說都很重要，它是人被模造成長所必須經過的寶貴歷程。說到底，人生本身也只是個歷程，任何「功業」都如過眼煙雲，能夠「永存」的，就只有掌管生命和歷史的神賦予給它的價值與意義。當我們回想往昔，最珍惜的片段，莫過於在匆匆的人生路上，經歷到天父慈憐的拖帶，以及人與人之間在心靈上的彼此激盪與感通，感受到人世間無私的愛和真摯的溫暖。而且，我應該有信心相信聖靈會帶領每個信徒，只要我們學習不要太執著自己，多去聆聽別人，就必能經歷到聖靈的帶領。在過去的一段時間，我多次體驗到聆聽別人是不會帶來混亂的，反之卻會帶來圓滿的結果。

不過，我必須坦白承認，我的自我有時會在我的心中叫囂：「你教了十幾年書，為甚麼還是那麼多東西不認識，要別人來教你！你看，你又不懂得帶小組，組員又不接納你的意見了！其他組員的意見比你的意見更好！」當這種感覺出現的時候，我就像縮頭烏龜似的想退縮了。但是，神每次總會安慰我說：「孩子，我已經接納你，你為甚麼不接納自己呢？」神說得對，是我不接納自己，因為我想做一個更聰明，更有才幹，更有學識，更能夠吸引學生的老師。但是，那不是神所造的我，神知道我的本相，別人也或多或少認識我的本相，我何苦不接納自己呢？於是，我只能夠向神說：「神啊，感謝祢，我那麼多瑕疵，但是祢依然接納我。我是祢造的，我希望不會浪費祢給我的生命，但願我能好好生活以榮耀祢！」

樟平：

謝謝你真誠的分享！現在帶領查經，壓力確實減少了，當我放鬆心情去帶領查經和放鬆心情去聆聽別人分享，我發覺聖靈真的會在信徒中間工作和作帶領。我們可能只是比其他組員準備得多一些，或者認識得多一些，但是，大家真誠探求和活出真理的態度，卻能夠激起大家在真理中成長的熱心呢！

11

謊言  真話

▲ 東涌一個公園的花團錦簇

樟平：

最近，靈修時都是在讀雅各書。由於前兩年帶領過查經班組員查考這卷書，所以比較熟悉，但今天再讀，卻有一個特別的領受，並且有一個有趣的發現。

今天讀到雅各書一章 12 至 18 節：「忍受試探的人是有福的，因為他經過試驗以後，必得（receive）生命的冠冕；這是主應許給那些愛他之人的。人被試探，不可說：『我是被神試探』；因為神不能被惡試探，他也不試探人。但各人被試探，乃是被自己的私慾牽引誘惑的。私慾既懷了胎，就生出罪來；罪既長成，就生出死來。我親愛的弟兄們，不要看錯了（don't be deceived）。各樣美善的恩賜和各樣全備的賞賜（every good and perfect gift）都是從上頭來的，從眾光之父那裏降下來的；在他並沒有改變，也沒有轉動的影兒。他按自己的旨意，用真道生了我們，叫我們在他所造的萬物中好像初熟的果子。」我是採用《和合本》與《新國際譯本》對照本聖經，所以特別留意到英文譯本“don't be deceived”這譯法，而中文可把它譯為「不要受蒙蔽」，或「不要被蒙騙」。你注意到甚麼有趣的地方嗎？

妙珍：

兩年前因為帶領查經班的緣故，我亦特別深入研讀雅各書，後來還在神學院的延伸課程開設研讀雅各書的科目，當時亦有很深的得著。而我們近這一、兩年比較多看聖經的英譯本（主要是《新國際譯本》和《當代聖經》〔Living Bible〕），發現聖經多次提出“don't be deceived”和“don't deceiving yourselves”的勸告，《和合本》多譯為「不要受迷惑」或「不要自欺」，例如，哥林多前書三章 18 節，加拉太書六章 3、7 節，以弗所書五章 6 節，雅各書一章 16、22 節，約翰壹書一章 8 節和三章 7 節……

樟平：

提摩太前書有兩節經文都出現這個字。第一處是二章14 節，那裏說「是女人被引誘（it was the woman who was deceived），陷在罪裏」。第二處是四章 1 節，它清楚指出：「聖靈明說，在後來的時候，必有人離棄真道，聽從那引誘人的邪靈（deceiving spirits）……」提多書三章 3 節亦指出：「我們從前也是無知、悖逆、受迷惑，服事各樣私慾，和宴樂。」（At one time we too were foolish, disobedient, deceived and enslaved by all kinds of passions and pleasures.）

說回雅各書這段經文，我發現我們受到雙重蒙騙。我嘗試用以下方式來作出解釋，但事先聲明，這並不是很嚴謹的釋經啊，只是我個人讀經的一些領受罷了。

蒙騙	真理
第一重蒙騙（17 節） 以為各樣美好和完全的禮物（every good and perfect gift）是從**地上**而來的	**第一個真理（17 節）** 各樣美好和完全的禮物（every good and perfect gift）都是從**天上**而來的
第一重蒙騙的結果（14～15 節上） 於是，各人被試探，乃是被自己的私慾牽引誘惑，私慾既懷了胎，就生出罪來	**第一個真理的結果（18 節）** 祂按自己的旨意用真道生了我們，叫我們在他所造的萬物中，好像初熟的果子
第二重蒙騙（13 節） 以為試探是從神而來	**第二個真理（13 節）** 神不試探人
第二重蒙騙的結果（15 節下） 罪既長成，便生出死來（死的狀態就是與神隔絕）	**第二個真理的結果（12 節）** 忍受試探的人是有福的，因為他經過試驗以後，必得生命的冠冕

妙珍：

其實耶穌在約翰福音八章 44 節也指出，魔鬼的心裏沒有真理，他本是說謊的，也是說謊之人的父。所以，魔鬼從起初便用謊言來欺騙人類，自從夏娃被蒙騙之後，我們便不斷被他的謊言蒙騙；我們一旦被他蒙騙，便會離棄真道。所以，我們今天必須「打醒十二分精神」（編按：意即「精神抖擻」），小心被魔鬼散播的各種謊言蒙騙，然後再變成自欺。

至於你對這段經文的分析，且暫撇開很嚴格的釋經原則不談，如果單從經文觀察，這裏確實有兩個真理概念被顛倒過來。第一，是魔鬼試探人，但他卻騙人說，這是神試探人。第二，魔鬼令人不知道或不相信一切美好和完全的禮物，都是從天上來的，反之令我們相信可以從地上得到很多美好的東西。我們實在經常被他欺騙呢。

樟平：

這種將真假混淆，是非顛倒的伎倆，豈不正是謊言的本質嗎？

根據馬太福音四章的記載，魔鬼試探耶穌的方式，同樣是設法令耶穌聽從他的說話。他首先對耶穌說：「你若是神的兒子，可以吩咐這些石頭變成食物。」（四 3）如果耶穌急於證明自己是神的兒子，便會中了他的圈套，聽從了他的話。魔鬼知道耶穌不會輕信謊話，接著竟然引用聖經的話來混淆視聽，要耶穌驗證神所說的是否真話，但耶穌卻依然沒有中計。最後那個試探，可說與雅各書這段經文不謀而合。我們若從耶穌開始傳道時便是向眾人說「天國近了，你們應當悔改」（四 17）這角度思考，便可推想耶穌當時已經知道祂要開展神的國。這刻，魔鬼卻用地上的榮華來引誘耶穌，耶穌只要向他下拜便可得到地上的國。假如當時雅各書已寫成，耶穌很可能以「一切美好和完全的禮物都是從上頭來的」這句話來回應魔鬼呢。我們亦從而可以看出，耶穌雖被試探，但他的私慾卻沒有被牽引、誘惑，因此沒有生出罪來。最後我們還看到，耶穌面對三個試探，全部都是用聖經的「真話」，來回應撒但的「鬼話」或「詭話」。

妙珍：

是的，當我們翻開聖經第一卷書創世記的頭幾章，便看到如何從創造的角度證明神所說的都是「真話」。因為神只要說要有甚麼，就有甚麼，「事就這樣成了」。但魔鬼引誘夏娃的時候，卻接二連三叫女人質疑神所說的並非全部都是真話，例如，三章 1 節說：「神豈是真說不許你們吃園中所有樹上的果子嗎？」三章 4 節說：「你們不一定死……」結果，魔鬼成功獲得女人的信任，令她相信魔鬼所講的才是真話，而神所說的卻不是真話，結果夏娃受蒙騙而犯罪。從這個角度看，提摩太前書二章 14 節所說的話，便不難理解——「不是亞當受引誘（deceived），乃是女人被引誘（deceived），陷在罪裏。」創世記三章 13 節，記載夏娃確實向神承認她是被蛇蒙騙（deceived）而犯罪的。至於亞當，卻是因為另一個原因而犯罪。

這樣看來，神要人聽祂的話，魔鬼亦同樣要人聽他的話。所不同者，是神說的都是真話（「神決不能說謊」，來六 18），魔鬼說的卻是謊話（「他本是說謊的」，約八 44）。

樟平：

難怪神看見人不信從祂的話會如此傷心，因為我們竟然不相信祂的真話，反而相信魔鬼的假話，這正是聖經所說的「愚頑人」（詩十四 1）的活生生的寫照！

不過，真話是一定可以勝過假話的！整本聖經都見證神所說的都是真話，只是活在歷史當中的人有沒有信心去相信罷了。例如，亞伯拉罕在兒子出生之前，能否相信神的應許是真話？挪亞造方舟的時候，能否相信神說洪水即將氾濫是真話？整本聖經都在挑戰我們，是否相信神說的都是真話，是嗎？

妙珍：

魔鬼除了真話之外，甚麼都可以說，他的伎倆可說變化多端，層出不窮。他可以顛倒是非，混淆真假，弄虛作假，講一些半真半假和似是而非的話，可以大大的誇讚人和抬舉人，又可以不住的貶低人和否定人，他亦可以令人覺得自己是受害者，所有人都虧負他，甚至還可以引用聖經的話來哄騙我們去質疑神和試探神。由於我們都有罪性的「自我」存在，很容易受他蒙騙。反過來說，由於神所說的都是真話，祂只要用事實來證明便行了——或者可以說，神不屑用其他伎倆來證明自己所說的是真話。說到這裏，我明白耶穌為何教導門徒說：「你們的話，是，就說是；不是，就說不是；若再多說，就是出於那惡者。」（太五 37）

但是，我們有時反倒急於證明神所說的是真話，因而中了魔鬼的詭計，變成試探神：不是用自己的方法去「促成」神的真話，就是迫神盡快證明祂說的是真話。例如，亞伯拉罕的妻子撒拉覺得神遲遲未成就祂的應許，於是用自己的方法去促成神的應許，結果弄巧反拙。利百加在未產子之前，便已經從神那裏知道「兩國在你腹內……將來大的要服事小的」（創二十五 23），所以，她可能亦急於促成神的應許，於是便幫助小兒子雅各欺騙父親以取得長子的祝福，結果也是弄巧反拙。這些事例在聖經裏多的是。最明顯的正面例子，則是大衛雖被膏立為王，卻從沒急於要證明神所說的是真話，反倒一再阻止自己的將領殺死掃羅王。這反映出他對神有完全的信任，相信神所說的必定成就，不需要他去證明或迫神去證明祂自己所說的是真話。我想，耶穌亦是對神有絕對的信心和順服，所以才能拒絕魔鬼的試探。

樟平：

這樣說來，連神自己也從來不急於證明自己所說的是真話，又或者，我們可以這樣說，祂已經透過創造和歷史來證明祂所說的是真話，問題是我們這些明明看見的人是否願意相信（參羅一 20）。由神創造世界萬物和人類的那一刻開始，神似乎都不是為了證明自己是神而行事，似乎都是為了與人建立親密的關係而行事。整部聖經都表明神是按照祂對人類的美好計劃，按部就班地行事，完全不是為了證明自己是神，或者因要證明祂所說的都是真話而急促行事。這便是神的偉大之處！神就是神，真話就是真話，是事實就否定不了，這正是「真」的本質。神有許多應許至今還未實現，我們會否相信神所說的都是真話，便是我們此刻的考驗。難怪耶穌說：「然而，人子來的時候，遇得見世上有信德嗎？」（路十八 8）

妙珍：

我們在這個「眼見為真」的世界中生活，對神話語的信心的確面臨嚴峻的考驗。當我讀到羅馬書四章，便不得不深深佩服亞伯拉罕，他不愧被稱為「信心之父」，因為「他將近百歲的時候，雖然想到自己的身體如同已死，撒拉的生育已經斷絕，他的信心還是不軟弱；並且仰望神的應許，總沒有因不信心裏起疑惑；反倒因信心裏得堅固，將榮耀歸給神，且滿心相信神所應許的必能做成。所以，這就算為他的義。」（四 19～22）這段經文清楚說出亞伯拉罕被神稱為義的理由——不是相信自己的能力（自己是有心無力），不是相信別人的能力（別人也同樣是有心無力），而是相信神所應許的事定能成就（神是有心有力！）。我相信神期望我們每個人所「做」的「最重要的大事」，就是堅定的相信和盼望，僅此而已。

樟平：

話說回來，在研讀雅各書那段經文時，我還有另一個有趣的發現：經文所表達的其中一個真理，是各樣美好和完全的禮物都是從天上來的；於是我便追問，我們怎能獲得這些禮物？答案當然是「這是神賜予我們的」。但換個角度看，即這是我們從神「領受」的。「領受」一詞的英文是 receive，《新國際譯本》把一章 12 節的「必得生命的冠冕」譯為“he will receive the crown of life”。你有沒有發現這裏有趣之處：我們可以從神那裏 receive 各樣美好的禮物，但魔鬼卻 deceive 我們，使我們得不到各樣禮物，而且還生出罪和生出死來，永遠與神隔絕。

妙珍：

我們若能謙卑在神面前領受（receive）祂的賜予，最終便連生命的冠冕也可領受得到。反之，我們若不信從真道，聽從魔鬼的話，受了他的蒙騙（deceive），最終就連生命也失去。從英文看來，這很有趣，也便於記憶呢！

樟平：

除了 receive 與 deceive 這兩個字的巧妙對比之外，我還聯想到以 de 開始的英文字，有不少都是與魔鬼有關的；反之，許多以 re 開始的英文字，都是與神有關的。這裏我不是做嚴肅的考證和討論，只覺得有趣好玩，就列出來給你看看：

devil, demon／魔鬼

deceive／欺騙、蒙蔽

decay, deteriorat ／敗壞

decimate／殺死或毀壞

deny／不認

dead, death ／死亡

detestable ／可憎厭的：舊約經常出現此字，指不潔淨的物是神所憎厭的。

destructive／破壞的

detrimental／有害的，不良的

destroy／破壞

devastate／徹底毀壞

devour／吞吃：「你們的仇敵魔鬼，如同吼叫的獅子，遍地遊行，尋找可吞吃的人。」（彼前五 8）

reborn／重生

renew／更新

redemption／救贖

reveal／顯現

revelation／啟示

restoration／挽回、復興

return／回轉或基督再來

Reformation／宗教改革

rejoice／喜樂

relation／關係：基督教信仰強調神與人、人與人的關係

reverence／敬虔

Reverend／牧師

remnant／餘民

repent／悔改

rest／安息

real／真實

resurrection／復活

reward／賞賜

上面所列的重生、更新、救贖、啟示、挽回、復興、

和好的關係、安息、復活和賞賜，豈不正是雅各書一章 17 節所講的「各樣美好和完全的禮物」嗎？而且，我們只能「領受」（receive）這些從天上賜予的禮物，而沒有辦法靠自己的努力去爭取得到。這正好回應保羅在哥林多前書四章 7 節說：「你有甚麼不是領受的呢？若是領受的，為何自誇，彷彿不是領受的呢？」

妙珍：

的確有趣。我雖然不知道上述每個字是依據甚麼原則或詞源變化而演變出來的，但從表面看來，這也不難理解。根據字典的解釋，de 這個前綴（prefix）有「否定、取消、相反、脫離、除去」的意思，這正是魔鬼的心意與工作，目的是要破壞神與人，人與人以及人與自己和萬物的關係。至於 re 這個前綴有「回復、重新」的意思，這正是神的心意和工作，目的是要重建神與人，人與人，人與自己和萬物的關係。說得簡單點，即魔鬼一心要否定、破壞和毀滅，而神的心意卻是要回復和重新。是嗎？

樟平：

所以，即使神要人「否定」或「除去」某些東西，例如否定自己和除去罪孽，這些否定和除去也只是為了回復和重新開始。不過，我相信總會有人懷疑，究竟是魔鬼的破壞力大，還是神重新開始或修復的能力更大？對於這個問題，你會怎樣回應呢？

問題是，我們活在這個謊話連篇，真假難辨的世界之中，以我們的智力又怎能分辨出魔鬼的謊言？怎能不被他蒙蔽？

妙珍：

說實話，若著眼於眼前的事例，會令人較容易有悲觀的想法；但有趣的是，若從宏觀的歷史這一角度來看，我卻並不悲觀。教會由使徒時代開始，二千年間，經歷了大大小小的逼迫與打壓，以及教會內部因人性軟弱而出現的腐敗與敗壞。人類經歷過兩次世界大戰，猶太人經歷過種族清洗，中國人經歷過文化大革命的十年浩劫……以魔鬼的毀滅力量和人類的殘忍罪性來看，由使徒傳承下來的教會，以至人類本身都應該已經滅絕了！但是，教會和人類至今依然存在，這就足已證明神的救贖力量勝過魔鬼的毀滅力量了。所以我並不悲觀。不過，說到底，我們是否相信神在聖經中所講的都是真話，始終是關鍵所在。因為啟示錄已清楚揭示人類的歷史終局，神不單勝過魔鬼，而且萬物都要更新。正如啟示錄二十一章 5 節所言：「坐寶座的說：『看哪，我將一切都更新了！』又說：『你要寫上：因這些話是可信的，是真實的。』」

此外，當你說我們被魔鬼蒙蔽，這可能是我們最大的問題，因為魔鬼若引誘我們犯罪，而我們被引誘犯罪（例如，犯了偷竊和情慾上的罪），我們至少也會知道自己犯了罪。但是，如果被魔鬼蒙蔽，就可能連自己有問題也不自知，變成了自欺（deceive yourselves）。這豈不正是神說祂的百姓「聽是要聽見，卻不明白；看是要看見，卻不曉得」（賽六 9）的寫照嗎？

樟平：

你說得對，這便等於耶穌說的「為甚麼看見你弟兄眼中有刺，卻不想自己眼中有梁木呢」（太七 3），或者魯益師所說的「你若認為自己並不驕傲自大，你其實已經十分驕傲自大了」。我自己亦經歷過這樣的蒙蔽。

但說來奇怪，那也不是我自己能醒悟過來，亦不是別人的提醒叫我醒悟過來的。我倆結婚多年，每當出現衝突的時候，你總會指出我的問題並要我改過，而我卻總不覺得自己有問題——或至少不是問題的始作俑者——不覺得自己要改過；即使要改過，你也要一起改過呢。但有幾次，我真的經歷了神突然的光照，我才發現自己的驕傲和問題所在。

最近一次，是我在去年翻譯一本書的時候。那時正正為到女兒的一些問題而動氣，但那本書的作者卻幾次提到耶穌教的導說：「為甚麼看見你弟兄眼中有刺，卻不想自己眼中有梁木呢？」我的內心非常抗拒這句話，覺得不是每次看見別人眼中有刺，都一定是自己眼中有梁木的吧！明明是女兒有錯，我指出她的錯處，難道有甚麼不對嗎？我非常不服氣。但那句經文卻像纏著我不放似的，我的心裏不斷有聲音說：你要先去掉你眼中的梁木，然後才能看得清楚，才可以去掉你女兒眼中的刺（太七 5）。突然間，我看見自己眼中的梁木了——我那種高壓的態度，就是我的梁木。女兒某些行為確是不好也不對，但我的態度亦是不好也不對，而且，我不先改善自己的態度，卻教訓或責罵女兒的態度行為不對，她又怎樣聽得進去呢！所以，這節經文在我的生命中第一次真正發揮作用，其影響力是我永遠不會忘記的，而我亦真正經驗到神話語的真實。

妙珍：

你知道嗎？那天我下班回家，你突然對我說：「我知道自己錯了。」我簡直覺得是神蹟！因為我們結婚二十幾年，從來沒有聽見你主動說自己有錯。其實，那真是神蹟——神親自介入你的生命，把你改變了，這豈不正是神蹟麼？所以，魔鬼用謊言蒙蔽我們，但真理的靈一定有方法喚醒我們。正如保羅在大馬色路上遇見主之後，眼睛看不見東西。主吩咐亞拿尼亞去按手在保羅身上，又叫他被聖靈充滿。保羅的眼睛好像有鱗片立刻掉下來，他就能看見（徒九 17～18）。我相信聖靈一定有方法使我們被蒙蔽的心眼的鱗片掉下，得以清楚看見。

樟平：

你說得對，我們由信主那刻開始，生命中已經歷過許多神蹟，難道還信不過神嗎？此刻我想起一段熟悉的經文，也許正好為我們談論的這個話題作結。保羅在以弗所書六章 11 至 18 節說：「要穿戴神所賜的全副軍裝，就能抵擋魔鬼的詭計。因我們並不是與屬血氣的爭戰，乃是與那些執政的、掌權的、管轄這幽暗世界的，以及天空屬靈氣的惡魔爭戰。所以，要拿起神所賜的全副軍裝，好在磨難的日子抵擋仇敵，並且成就了一切，還能站立得住。所以要站穩了，用真理當作帶子束腰，用公義當作護心鏡遮胸，又用平安的福音當作預備走路的鞋子穿在腳上。此外，又拿著信德當作盾牌，可以滅盡那惡者的一切火箭；並戴上救恩的頭盔，拿著聖靈的寶劍，就是神的道；靠著聖靈，隨時多方禱告祈求，並要在此警醒不倦，為眾聖徒祈求……」神已經為我們提供了萬全的保護和必勝的兵器，我們是不會輸給魔鬼的！

12

我與基督

▲ 坪洲的漁村景貌

樟平：

我現在才逐漸明白，耶穌基督真是我們的信仰核心。我們已經分別在兩間教會帶領信徒查考歌羅西書，遲些還有機會再於另外兩間教會帶領查經班。我倆愈深入查考這經卷，便愈發覺它的信息豐富和寶貴。歌羅西書其中一段經文，最初令我感到很詫異：「愛子是那不能看見之神的像，是首生的，在一切被造的以先。因為萬有都是靠他造的，無論是天上的，地上的；能看見的，不能看見的；或是有位的，主治的，執政的，掌權的；一概都是藉著他造的，又是為他造的。他在萬有之先；萬有也靠他而立。他也是教會全體之首。他是元始，是從死裏首先復生的，使他可以在凡事上居首位。」（西一 15～18）我之所以感到詫異，因為神竟然重視祂的愛子基督到這個地步！我們雖然知道神是三位一體的，但每個位格都是清晰有別，分工有序的；三個位格都相親相愛，互相尊重，合作無間。耶穌基督明言祂在世上完全是遵從父神的旨意而行，但原來愛子在父神的心目中卻是如此崇高：一概都是藉著祂造的，又是為祂造的，祂在萬有之先，也是教會全體的元首，在凡事上居首位！

妙珍：

我想，這段經文與腓立比書二章 6 至 11 節是互相呼應的：「他〔耶穌基督〕本有神的形像，不以自己與神同等為強奪的；反倒虛己，取了奴僕的形像，成為人的樣式；既有人的樣子，就自己卑微，存心順服，以至於死，且死在十字架上。所以，神將他升為至高，又賜給他那超乎萬名之上的名，叫一切在天上的、地上的，和地底下的，因耶穌的名無不屈膝，無不口稱『耶穌基督為主』，使榮耀歸與父神。」

耶穌在路加福音所載的兩個比喻中，分別說了同一句話：「凡自高的，必降為卑；自卑的，必升為高。」（十四 11，十八 14）這句話在愛子的身上完全體現出來。祂由與神同等降卑至在十字架上被釘死——是最極致的降卑，因此得以最極致的高升。

樟平：

說到這裏，我想耶穌基督一定把魔鬼「氣死」，因為按照教會的傳統解釋，以賽亞書十四章 12 至 14 節所講的明亮之星，除了指巴比倫王外，亦暗指到魔鬼。魔鬼千方百計，都是為了「升到高雲之上」，「要與至上者同等」；但他的高傲僭妄，不單不能夠令他高升，反使其墜落；反觀，原本與神同等的耶穌基督，卻因甘願受辱降卑，以致「神將他升為至高」！如果魔鬼一早得知，假若他像耶穌基督那樣降卑，有可能令其高升的話，魔鬼會否使用這個方法呢？但如果魔鬼得以因此高升的話，我猜他那時一定會說：「我成功了！虧得我能夠忍辱降卑多年，現在終於揚眉吐氣！看，我現在與至高者同等，配得受萬世景仰！我在地上受過的苦，連父神也沒有受過，世人一定覺得我更加偉大！」

妙珍：

我想魔鬼並非「不知道」先降卑後高升這屬靈原則，而是「做不到」。我們從腓立比書二章 9 至 11 節看到，神將耶穌基督升為至高，又賜給祂超乎萬名之上的名，叫一切無不稱「耶穌基督為主」；但留心，這裏還有最後一句話：「使榮耀歸與父神」。換言之，耶穌基督被升為至高，但祂在父神面前仍是抱著謙卑的心態，要使榮耀歸與父神；假設魔鬼為了高升而得與至高者同等，於是忍辱降卑，那試問當他高升之後，他會有甚麼心態？

而且我想魔鬼最難服氣的，就是要讓父神得榮耀。即使他能夠忍辱降卑，他也不能夠忍受自己所做的一切，要歸榮耀給父神。所以，從這個角度看，耶穌基督是自始至終都謙卑，祂不是為了高升而降卑，祂是為了成就父神救贖人類的計劃，而甘願任由神使用，並且期望被救贖的人類和萬物將一切榮耀歸給父神。整個創造與救贖計劃，都彰顯了父神的偉大；但從父神的角度看，祂會看到耶穌基督的偉大。

樟平：

你剛才說到，其實耶穌在世的時候也親口說過：「因為我從天上降下來，不是要按自己的意思行，乃是要按那差我來者的意思行。」（約六 38）此外，祂在禱告中向神說：「我在地上已經榮耀你，你所託付我的事，我已完成了。」（約十七 4）並且，當耶穌談及聖靈的時候，祂清楚指出：「他〔聖靈〕要榮耀我，因為他要將受於我的告訴你們。」（約十六 14）耶穌升天之前，給門徒最後的吩咐中亦說：「但聖靈降臨在你們身上，你們就必得著能力，並要在耶路撒冷、猶大全地，和撒馬利亞，直到地極，作我的見證。」（徒一 8）換言之，聖靈的工作就是要見證基督。

妙珍：

對，我想這便是神將耶穌基督升為至高的原因。

而保羅亦說過：「若不是被聖靈感動的，也沒有能說『耶穌是主』的。」（林前十二 3）所以，聖靈的工作確實是見證基督，感動人認耶穌是主，以及教導人明白真理。

樟平：

我是否可以這樣說：三位一體的真神是同尊同榮的，但因基督的捨己救贖，承擔了人類的罪債和洗清了人類的罪孽，於是便成就了神要救贖人類的計劃，所以神將祂升為至高，而聖靈亦要為祂作見證和感動人稱祂為主，耶穌基督便成了我們信仰的中心？「從來沒有人看見神，只有在父懷裏的獨生子將他表明出來」（約一 18）就是這個意思嗎？所以，我們只要透過認識基督，就能夠認識父神；而聖靈被差來的目的，就是引導我們認識基督，從而認識父神？

妙珍：

你記得耶穌說過：「我是道路、真理、生命；若不藉著我，沒有人能到父那裏去。你們若認識我，也就認識我的父。從今以後，你們認識他，並且已經看見他。」（約十四 6）所以，聖靈確實引導我們認識基督，這就等於認識父神；我們親近基督，就等於親近父神了。

我們也要留心，聖經不單教導我們要認識基督，保羅在腓立比書那段描述基督降卑的經文之前，更明確囑咐我們「當以基督耶穌的心為心」（二 5）。這個「以基督耶穌的心為心」的說法，與保羅在以弗所書三章 17 節所說的「使基督因你們的信，住在你們心裏」，以及加拉太書二章 20 節所說的「現在活著的不再是我，乃是基督在我裏面活著」是一脈相通的。

樟平：

無論是舊約和新約聖經，都經常講到我們的「心」。也許真的如耶穌所說的：「因為，你們的財寶在哪裏，你們的心也在那裏。」（路十二 34）基督已經在我心裏，問題是我的心是否在基督裏？但是，我的心究竟在哪裏？我有時也搞不清。我只知道我的心裝載著某些人和事，又會為不少的人和事而心煩。但他們通常都不是我的財寶，反而是我的重擔。既然是重擔，我又為何不能夠放下？真是矛盾啊！我在想，我們心中有很多事情都是責任來的，又怎能夠放下？

妙珍：

我們心中的這些事物，有時雖然不是真的財寶，但我們「相信」那是財寶，所以我們才放不下；而每當我們要得到和保存這些「財寶」，就很容易變成我們的重擔，我們因此便進退兩難。如果我們完全不認為這些事物是財寶，我想我們一定放得下。正如保羅能夠「丟棄萬事，當作糞土」，我們如果認為某些東西是糞土，又怎會不能夠丟下呢？

至於你說到「責任」這問題，我想起那段經常引用來勸人放下重擔的經文，或許是我們的出路了。耶穌說：「凡勞苦擔重擔的人可以到我這裏來，我就使你們得安息。我心裏柔和謙卑，你們當負我的軛，學我的樣式；這樣，你們心裏就必得享安息。因為我的軛是容易的，我的擔子是輕省的。」（太十一 28～30）耶穌那樣柔和謙卑，連自己的靈魂也能交與那信實的造化之主（彼前四 19），人生當然變得非常輕省。我們若能學祂的樣式，就能夠隨遇而安，同時又不會因隨波逐流而要背負不必要的重擔；既能盡上我們的責任，務求把事情做好，同時又能把一切結果，都交在主的手中。

樟平：

這又回到是我們之前討論過的問題了，即我們的心，究竟信還是不信，聽還是不聽。

妙珍：

你有沒有想過，自從始祖犯罪之後，我們人類便開始像亞當、夏娃一樣想避開神？聖經這樣記載說：「……那人和妻子聽見神的聲音，就藏在園子裏的樹木中，躲避耶和華的面。耶和華呼喚那人，對他說：『你在哪裏？……』他說：『我在園中聽見你的聲音，我就害怕；因為我赤身露體，我便藏了。』」（創三 8～10）這幅圖畫，豈不正是我人生的寫照？我不是「聽不見」神的聲音——至少可以藉著聖經的話聽見神的聲音——而是「害怕聽見」神的聲音。在我的心底裏，我覺得神太高超完美了，我只想做個平凡人，生怕祂突然要「提升」我至完美，到時怎麼辦？所以最好與神保持一個安全的距離！或許，很多基督徒心底裏都是這樣想的。

樟平：

聽你這樣説，我才發覺我們真是中了魔鬼的詭計了。是他哄騙夏娃説，吃了那個果子，就可如同神一樣——但神卻從來沒有要求我們要如同祂那樣完美。神要人「生養眾多，遍滿地面，治理這地」，聽起來好像是責任，但聖經卻說「神就賜福給他們」（創一28），這根本是賜福，而不單是責任。

可是，當人決定「照自己的意思」生活，得出的第一個結果，卻是產生了羞恥之心。神最初創造萬物——當然包括人——一切都是甚好的（創一 31），人不應該因為看見自己的身體而感到羞恥。因此，這個羞恥之心，若不是魔鬼給人的，就是神在造人的時候已內置（built-in）在人心裏的一個機制：當人背叛那位創造萬物、並且完全為了愛人和願意賜福予人的神後，連魔鬼也會嘲笑人的可恥，而人能不感到羞恥嗎？

妙珍：

對這段經文我沒有深入研究過，只能對經文作出一些反思。當夏娃和亞當相繼決定吃下禁果，人就開始運用他的主見，但他們運用主見所作出的決定，卻是要違背神的心意——他們已決定不照神的意思而照自己的意思行，這亦等於他們決定不再受神的指示而照自己的意思生活。所以他們害怕聽見神的聲音，而最好神從此消失，不要再向他們說話，他們就可以完全照自己的意思生活。他們躲避神就是不想聽見祂的聲音，亦害怕聽見祂的聲音：聽見了豈不就要聽祂的話？但他們早已決定不聽祂的話了！

然而，自從人類犯罪之後，神便一直主動尋找人和呼喚人：「你在哪裏？」（創三 9）對我來說，這呼喚使我們面對一個抉擇：回應神的呼喚，就等於聽得見祂的聲音；聽得見祂的聲音，就等於要再一次決定聽還是不聽祂的話。究竟聽還是不聽？聽就等於不能再照著自己的意思做決定，這又回到「自主」的問題上，我究竟是否一個「自主」的人？

樟平：

這真是一個使惱人的問題。但是，我和你傾談了這麼久，慢慢發覺到一件事：任何問題，如果正反兩方面的答案最終都是「死路一條」的話，這就極可能是魔鬼用來欺騙我們的問題。如果答我們是「自主」的，就等於說我們可以做違反神心意的決定；如果答「不能自主」，就等於認為神把我們造成為不能自主的提線木偶了。（但按照聖經的記載，這一定不是真的，否則人怎可能犯罪？）這個問題本身，只會導致我對神存有介心：祂對我是否真的如祂所說的那樣好？（在創世記三章 4 節，蛇對夏娃說的話，豈不是令人對神產生這種懷疑嗎？）

妙珍：

也許，我們只要再退後一步，從另一個角度思考，便會得出答案：耶穌明言：「我從天上降下來，不是要按自己的意思行，乃是要按那差我來者的意思行。」（約六 38）耶穌究竟是否一個自主的人？當保羅說：「我卻不以性命為念，也不看為寶貴，只要行完我的路程，成就我從主耶穌所領受的職事，證明神恩惠的福音。」（徒二十 24）保羅是否一個自主的人？馬丁路德（Martin Luther）在羅馬皇帝面前坦言：「除非聖經或理性清楚說服我……

我受我所引用的聖經約束，我的良心受神的話綑綁……這就是我的立場。」馬丁．路德究竟是一個自主的人，還是一個提線木偶？為神的緣故，一生獻身給中國的戴德生（J. Hudson Taylor），他究竟是一個自主的人還是提線木偶？答案豈不是顯而易見？

樟平：

這些人都真正體現了「真理必使你們得自由」（約八 32）這句話的真實。即使是巨大的政治及宗教壓力，即使是前途未卜和死亡陰影，都不能夠影響他們的決定和立場，他們還不是最自主、最自由的人嗎？

如果我的心屬於基督，便等於我與祂心心相印，我會說：「良人屬我，我也屬他。」（歌二 16）我也會帶著期盼並興奮說：「聽啊！是我良人的聲音。」（歌二 8）

妙珍：

我的心屬於基督嗎？這又回到神的呼喚這問題上。聖經第一卷書（創三 9）記載了神第一次對犯罪及躲避祂的人發出呼喚：「你在哪裏？」接著，祂一直在人的心外叩門，到聖經最後一卷書（啟三 20），則記載了神仍然在呼喚著說：「看哪，我站在門外叩門，若有聽見我聲音就開門的，我要進到他那裏去，我與他，他與我一同坐席。」是的，問題始終是：我們的心屬於誰？

如果我的心屬於基督，我也會說：「除你以外，在天

上我還有誰呢？除你以外，在地上我也沒有所愛慕的。」（詩七十三 25）

樟平：

湯瑪斯．摩爾（Thomas Moore）在他的著作《隨心所欲》（*Care of the Soul*）中有一句話：「人生最終極的工作，是跟自己的心靈打交道。」（頁 196）箴言也有類似的話：「你要保守你心，勝過保守一切，因為一生的果效是由心發出。」（四 23）如果把這觀念套到信仰上來思考，即我們要走的信仰之路，歸根究底便是一條「心路」。我們是否以「基督耶穌的心為心」？

妙珍：

是的，我們擁有自己的心，也知道基督就是那條路。問題不是懂不懂怎樣走——因為在我們心中作輔導者的聖靈一定會引導我們——問題仍然在於：我們是害怕聽見，還是喜歡聽見神的聲音？回應神的呼喚，便表示聽見；聽見，便面臨抉擇：信？還是不信？照祂的意思？還是照我的意思？

樟平：

我在這裏又聽到魔鬼欺騙我們的聲音：「你聽了神的話就要照著做的了！」這句話豈不誤導我們，使我們以為神說的每句話都像律法一樣，你聽了就要照做，這豈不又變成要我們遵行律法？但聖經已經明言：遵從律法，只有死路一條，因為沒有人能夠守全律法。魔鬼令我們覺得聽神的話就等於要守律法，這分明是在唬嚇我們。其實神所講的每句話都是真話和祝福，而不是每句話都是律法。難道神對亞當、夏娃所說的「你要生養眾多，遍滿地面，治理這地」這句話，也是律法嗎？聖經說這是神的賜福（創一 28）。難道耶穌說：「我來了，是要叫人得生命，並且得的更豐盛。」（約十 10）這句話是律法嗎？這是神給人的祝福！魔鬼的說話才是對人的咒詛和控告，神的說話都是對人的祝福和赦免！魔鬼在這裏顛倒是非，害得我們把可親的神當作可怕的神！

妙珍：

我們被魔鬼的謊話騙得久了，許多真理都弄不明白。但是我在這幾年的經歷裏，真實感受到神總是用溫柔的微聲在我心靈中說話，惟恐嚇怕我似的。祂深知我的軟弱，但祂仍然對我充滿憐愛，時常用祂的說話勸勉我、教導我、安慰我、鼓勵我。當我做錯了，祂會讓我知道自己做錯，但總是會給我機會去改過。我有時對人又惡又嚴厲，祂會對我說，我對你也不是那麼兇惡和嚴厲吧，我對其他人也不是那麼兇惡和嚴厲吧，你要像我對你那樣對人。祂沒有強迫我做甚麼，反而我卻經常強迫別人達致我的期望。我感受到的是愛而不是苛責，是接納、寬恕和無盡的忍耐而不是威嚇。因此，我不再害怕聽見神的聲音，因為祂的說話總是把我從自大、自我、自義、自卑、自憐、自慚形穢，甚至是自毀的念頭中拯救出來，祂亦教我要以寬厚的愛去待人。祂的說話，對我毫無威脅之感，反之，卻真的成為我腳前的燈和路上的光。

樟平：

聖經說得對：「愛裏沒有懼怕；愛既完全，就把懼怕除去。因為懼怕裏含著刑罰，懼怕的人在愛裏未得完全。我們愛，因為神先愛我們。」（約壹四 18～19）是的，惟有在愛裏才能克服恐懼。正如每一位婦女在生產兒女的時候，誰說沒有恐懼？但母愛克服了恐懼。我們這些愛得不完全的人，尚且能因不完全的愛而驅除恐懼，我們若能經歷到神那完全的愛，就一定會如眾使徒和以往的聖徒一樣，能回應神而一無所懼。

還有一點是很奇怪的，保羅不單要我們「當以基督耶穌的心為心」，還教導我們「無論做甚麼，都要從心裏做，像是給主做的，不是給人做的……你們所事奉的乃是主基督。」（西三 23～24）換言之，我們像待基督般待其他人，又像服事基督般服事其他人，其他人對我來說就是基督。

妙珍：

但願我們都像保羅一樣，因著聖靈將神的愛澆灌在我們心裏，對神的愛發出激昂的讚歌（羅八 31～39）。

至於我們要像服事基督般服事其他人，似乎是呼應耶穌在馬太福音二十五章 40 節的教導：「我實在告訴你們，這些事你們既做在我這弟兄中一個最小的身上，就是做在我身上了！」我們作在一個小子身上的事，就是作在基督身上的事。這也可以理解為：每個「小子」對我來說，就是基督。

樟平：

這樣說來，基督不單在我心裏，外面每個人，對我來說也可以是基督。在我心裏的基督，要我待每個人如同待基督一樣，愛每個人如同愛基督一樣。我的心裏和身外，都是基督；多麼不可思議啊！噢！魔鬼引誘我們要如同神，神卻教導我們要看待其他人如同基督！

妙珍：

魔鬼得到一個人的心，就會擾亂天下；神得到一個人的心，就能改變世界。一個人心裏有基督，他就看見周圍的人全是基督；愈多人活出這種生命，這個世界就不單有無數基督徒，更有無數的小基督！如此一來，基督的國度豈不是完全展現了嗎？我現在明白耶穌為何說：「神的國來到不是眼所能見的。人也不得說：『看哪，在這裏！看哪，在那裏！』因為神的國就在你們心裏〔心裏；或譯中間〕。」（路十七 21）

▲ 坪洲的休憩地方

後記

寫完了這本書，我們的內心有說不出的快樂，因為終於把我們一同經歷過的一段寶貴時光記錄下來。讀者閱讀的時候，可能也感受到我倆在對談時的那分雀躍與興奮。對我倆而言，我們感覺的不單是兩人的交談，而是奇妙的天父、慈憐的主基督和孜孜不倦地教誨我們的聖靈在我們中間，帶領我們進入了一段驚喜的探索真理、人生的旅程，是我倆從沒想過會如此精彩的。

至於我們為何希望把這書出版，現在想起來，實在有點兒像約翰福音四章那位撒馬利亞婦人的心情。她遇見耶穌之後，這位彌賽亞令她的內心突然如夢初醒，她的驚訝與興奮，令她不再顧慮甚麼，只想跑去告訴人。我們亦有類似的感受。我們當基督徒已有三十多年，祈禱不少、讀經不少、聽道不少（樟平還講道不少！），但現在回想起來，卻覺得我們的信仰沒有真實的生命力，沒有那種可以承托真實人生的力量。我們會形容那是一種「守律法式」和「一味死做」（編按：意即「一味瞎幹」）的信仰，與神、與自己和與別人的關係都有很大張力，隨時會產生抱怨、不和、失望、費解和苦無出路的懊惱。結果，我們很容易成為一個「分裂」的人，在人前（尤其在其他基督徒面前）的表現與內裏的真我不一致。但這種虛偽卻不是我們故意造成的，我們乃是害怕坦白承認這種不一致之後，會「絆倒人」，會「羞辱神」，於是，我們一次又一次地掩飾，強忍著無奈的困局和徬徨無助的境況。

由於一位是傳道人及神學院老師，一位是傳道人太太及屬靈書譯者，我們可說得上是更能真實地感受到這種困局和當中的徬徨無助。曾幾何時，當我們遇到問題，兩人之間出現磨擦，甚至靈性低落，我們既不敢也不懂得該如何講出來，而且亦想到，講出來也沒有用！（也許是我們內心的驕傲令我們這樣想吧！）所以，我們深深感受到當傳道人的難處，甚至覺得這份「工作」是沒有人可以做得來的——除非真的有神的生命的內住和承托，有基督時常的代禱和代贖，以及有聖靈隨時隨地的輔導和安慰。

我倆出現信仰問題，可能是因為我倆特別軟弱。但感謝我們的父神，祂有長久的忍耐和豐盛的憐憫，祂在我們墮入信仰低谷，不知如何是好的時候，伸手把我們救拔出來。書中描述的那段信仰醒悟的歷程，令我們覺得信仰好像由「頭腦」進入了「內心」，滲透入生命。

親愛的弟兄姊妹，我們很渴望與你們的生命連結起來，在這個動盪不安，是非難辨的世界裏，經驗到「神的國就在我們中間」的真實。

你們看完這本書，若有任何希望與我們分享的事情或經歷，可用以下郵址跟我們聯絡：livingfaith.hk@gmail.com。

書目

1. Crabb, Larry. *The Papa Prayer*. Nashville: Integrity Publishers, 2006.
2. González-Balado, José Luis, ed. *Mother Teresa: In My Own Words*. New York: Gramercy Books, 1997.
3. 巴刻（J. I. Packer）：《認識神〔增訂版〕》（*Knowing God [Revised and Enlarged Edition]*）。尹妙珍譯。香港：福音證主協會，2003。
4. 文承璧（Bill Mills）、巴榮基（Craig Parro）：《得勝到底》（*Finishing Well in Life and Ministry*）。江森、尹妙珍譯。香港：福音證主協會，2001。
5. 白立德（Bill Bright）：《你滿足嗎？——與神同行的秘訣》（*The Spirited-Filled Life*）。香港：學園傳道會。
6. 克萊布（Larry Grabb）：《靈性壓力OFF學》（*The Pressure's Off*）。田耀龍、連玲玲譯。台北：校園書房，2008。
7. 吳宓：《吳宓日記》。吳學昭編。北京：三聯書店，1998。

8. 湯瑪斯．摩爾（Thomas Moore）：《隨心所欲》（*Care of Soul*）。李永平譯。台北：智庫出版社，2004。
9. 愛克曼（J. P. Eckermann）編：《歌德談話錄》（*Conversations with Goethe*）。朱光潛譯。北京：人民文學出版社，2000。
10. 愛德華滋（Jonathan Edwards）：《信仰的深情》（*Religious Affections*）。杜麗燕譯。北京：中國致公出版社，2001。
11. 魯益士（C. S. Lewis）：《返璞歸真》（*Mere Christianity*）。余也魯譯。香港：海天書樓，2000。

讀者意見表

緊扣時代　服事教會

以文字傳揚基督真道

衷心多謝你購買本社書籍。本社一直致力以出版事工服事教會，幫助信徒扎根於神的話語，促進靈命增長。為使我們的出版更能滿足你的需要，請填寫下列各項資料，並寄回或傳真予本社。

所購書籍：________________

本書最吸引你的地方：
☐作者　☐適切性　☐文筆　☐設計　☐實用性
☐其他：________________

購買本書地點：
☐基道書樓　☐基督教書店　☐非基督教書店

性別：☐男　☐女　職業：________________

信仰：☐基督徒　☐非基督徒

年齡：☐ 16 歲或以下　☐ 17～25 歲　☐ 26～35 歲
☐ 36～55 歲　☐ 56 歲或以上

學歷：☐中三或以下　☐中五　☐預科
☐大學　☐研究院

☐我欲更多了解基道出版社的事工及考慮支持，請寄給我下列資料：
☐機構簡介　☐新書資料　☐基道會員通訊
☐《基道文字事工通訊》

姓名：________________ 電話：________________

地址：________________

傳真：________________ 電子郵件：________________

其他意見：________________

多謝賜教！

意見表可以傳真（2687-0281）或直接郵寄以下地址：
香港沙田火炭坳背灣街26號富騰工業中心1011室
基道出版社編輯部收